オウム真理教事件とは何だったのか?

麻原彰晃の正体と封印された闇社会

一橋文哉
Ichihashi Fumiya

PHP新書

オウム真理教事件とは何だったのか？　目次

序章 処刑

第1章 崩壊

第2章 降臨

第5章 迷宮

最終章　復活

編集協力――メディアプレス

序章

処刑

松本智津夫の死刑が執行された東京拘置所（東京都・
葛飾区 2018年07月06日）
ⓒ朝日新聞社／時事通信フォト

麻原彰晃、死す！

あの男が、ついに死んだ。

たとえ、どんな目に遭わされようとも、絶対に死ぬことなどないと思われた「怪物」のような男だっただけに、俄《にわか》には信じられない思いもする。

あの男とは、麻原彰晃（本名・松本智津夫）。一九八四年二月、「オウムの会（後にオウム神仙の会）」として設立し、八七年七月に「オウム真理教」に改称した教団の教祖として、また八八年頃から信者殺害・遺体焼却を皮切りに、坂本堤《つつみ》弁護士一家拉致《らち》・殺害、そして松本サリン、地下鉄サリン……など一連のテロ事件の首謀者として暗躍した人物である。

九五年五月に逮捕された麻原は、元教団幹部十二人とともに死刑判決を言い渡され、後に死刑が確定。二〇一八年七月六日、麻原と元幹部六人の死刑が執行されたのだ。

その日、麻原はいつもの通り午前七時（土・日曜日は七時半）に起床した。

通常は午前七時十五分に点検（刑務官が死刑囚の様子を見回る作業）を受けた後、同二十五分に朝食、同十一時五十分に昼食、午後四時二十分に夕食が配膳され、あっと言う間に食べ終えて午後四時四十分に点検を受けると、後は何もやることがない。消灯時間は午後九時だが、死刑囚の中には午後五時を過ぎたら早々と横になる者もいるらしい。

身体をほとんど動かさないため、毎日のように四十分前後、厳重に塀《へい》と金網が張り巡らされた狭いスペースで刑務官の監視を受けながら、一人で体操したり縄跳びしたりする戸外活動時間があるし、希望すれば軽作業をさせてもらえ、わずかばかりだが報酬を得て、自分の衣類や菓子などを買える。入浴は週二回（夏は三回）で、入浴時間は十五分ながら単独で入ることができる。

暇を持て余すとろくなことを考えないので、本を借りて読んだり、毎週一、二回の割合で大河ドラマや歌番組、映画のVTRなどのテレビ鑑賞をすることも可能だ。

かつては一度に大勢の死刑囚に死刑を執行する集団処遇の時期があり、一九一一（明治四十四）年に大逆事件で一度に十二人の死刑が執行されたり、一九一五（大正四）年の年間九十四件を筆頭に、年五十件以上の死刑執行が当たり前のように行われていた。

戦後に入っても一九五七（昭和三十二）年と一九六〇（昭和三十五）年の三十九件をはじめ二十～三十件の執行が続いたが、一九七七（昭和五十二）年以降はヒトケタの執行が続き、一九九〇～九二年は三年連続で一件も執行されなかった。

その結果、死刑囚が拘置所に入所してから刑が執行されるまでの期間は十五～二十年と長くなった。そのため確定死刑囚もそう毎日ビクビクしながら生活しなくてもいいはずなのだが、いつお迎えが来るか分からない恐怖心は相当に重いもので、朝食が取れなかったり、一睡もできない者も決して少なくない。

以前のように事前に死刑執行を通告したり、家族に連絡が行くことはないのだが、死刑囚たちは刑務官の言動や食事の内容、拘置所内の雰囲気などから、何となく「次は自分だ」と感じ取り、緊張感を高めているようである。刑務官がいつもと違う言動を取ろうものならパニックに陥《おちい》る死刑囚もいるほどだ。

精神に異常を来《きた》した様子を見せていた（刑務官の中には精神異常者を装っていると見ている者が多いが……）麻原彰晃は、二人の刑務官が両側から腕を取って持ち上げるようにして支えないと、立つこともできない有り様だ。拘禁反応に加え便秘症状に苦しんでいたが、運動も他の死刑囚と違い、警備担当者四、五人に囲まれ、別の運動場に行き、ほとんど空気を吸うだけで終わる。入浴も一人ではできず、身体を洗うことはもとより、麻原が備え付けのトイレを使わないため着用させられているオムツの交換を含めて着替えをすることも、すべて刑務官に手伝ってもらわなければ何一つできないのが実情だった。

食欲はあまり落ちていないようだが、体重は激減していてかなり痩せており、精神のバランスを欠いているように見える。何しろ、運動や入浴時間以外は独居房の中でブツブツ言いながら壁にもたれて座り、一日中過ごしているというのだ。

刑務官の日報によると、麻原が呟《つぶや》いている言葉は何かよく分からない梵語《ぼんご》のような文言であったり、「ショーコー、ショーコー」と自らの名前を連呼して歌っていることもあるといい、「本当に精神に異常を来したのかと思わざるを得ない素振りだった」（死刑囚舎房担当の刑務官）ようである。

遺骨と後継の座を巡って勢力争い勃発か？

拘置所関係者の話に基づき、六日の様子を再現すると、午前七時半過ぎ、麻原の独居房の出入り口にある窓ごしに、いつもと違う刑務官が「出房だ」と声をかけた。大抵の死刑囚はこの見慣れぬ顔と声で自分の運命を悟り、顔面を蒼白にしてうなだれながら刑務官の指示に従うか、大声を出したり暴れたりして抵抗するか、いずれもいつもと違う行動に出る。

麻原は二人の刑務官に両腕を抱えられ、「チクショー。やめろ」と叫びながら独居房から出ると、三人の警備担当者に身体を押されるように両側に独居房が並ぶ死刑囚舎房の通路を歩き、長く薄暗い渡り廊下を通って、何の表示も出ていない部屋の前に到着した。

そこで待機していた刑務官二人の手でギギッと妙に響く音を立てて扉が開けられると、その前には分厚いカーテンがかかった狭い通路があり、カーテンに沿って先に進むと急な階段が現れ、上で別の刑務官ら大勢の人が待っている気配が伝わってくる。

ここまで来ると、この先に何があるのか察する死刑囚が多いのだが、麻原はブツブツと小声で何か言うだけで、四人の刑務官に押されるように階段を上がった。

カーテンの下から流れる冷たい風が頰を撫でたか、麻原はブルッと身体を震わせた。実はカーテンの向こう側は刑場の地下室、つまりロープで吊り下がった遺体を処理する場所であり、冷たく血なまぐさい風が吹くのも当然なのかも知れない。

階段を上がった横にある部屋には、五人の男たちが待っていた。

麻原には誰が誰か分からなかったが、正面に拘置所長、その後ろに検事や総務部長ら拘置所幹部がいて、横には祭壇が設けられ、教誨師《きょうかいし》の僧侶も立っていた。

「松本智津夫君。残念だが、法務大臣から刑の執行命令が来た。お別れだ」

所長が厳《おごそ》かにそう伝えると、麻原の全身が大きく震え出した。刑務官が後ろから羽交《はが》い締めするように抱え、素早くアイマスクで目隠しをすると、後ろ手に手錠をかけた。

カーテンを開けると、そこは刑場だった。

「何をする。バカヤロー」と泣き叫ぶ麻原を四人がかりで抱え上げるように死刑台の上に立たせ、白さが異常に目立つロープを首に巻き付け、足をひざ下のところで縛る。刑務官は必死の形相《ぎょうそう》でロープを絞り、締まり具合を確認した刑執行責任者が右手を上げ合図した途端、刑場の光景が見えない所にいる三人の刑務官の手でスイッチが押され、麻原が立っていた踏板が外れ、バンというもの凄い音と「ギャッ」という悲鳴とともに身体が落下した。

滑車から下がるロープが穴の中央でバウンドし、大きく揺れた後、ピーンと張った。

一瞬、断末魔の叫びが上がり、身体は激しく痙攣《けいれん》を繰り返す。身体が揺れ過ぎて傷つかないように、地下室に配された刑務官が麻原の身体を押さえる。

口から吐瀉物を吹き出し、真っ赤な顔色が次第に青ざめ、やがて色を失って死人の表情に変わる。目からは落涙の痕も見える。体重が六十キロ台にまで落ちた麻原の場合、完全に死亡するまで二十分余りかかり、脈が取れなくなっても心臓は動いていることが多い。

一人の人間が死ぬまでの間、上からは検事や拘置所幹部が、下では刑務官や医官が目を逸《そ》らさずにずっと見ている。立ち会った者の多くは「長い地獄の時間だ」と口を揃える。

約三十分後、医官がぶら下がる身体に聴診器を当てて心臓の停止を確認すると、二階に上がって検事や所長に死亡の確認と死亡時刻を告げ、死刑執行は終了する。

下ろされた遺体はストレッチャーの上に載せられ、検事が検視を行った後、清められて柩《ひつぎ》に納められ、遺体安置室に運ばれる。そこで献花、読経《どきよう》などして柩前教誨《きゆうぜんきようかい》（関係者による簡単な所内葬儀）が営《いとな》まれるが、遺族ら関係者への通知は執行が終わってからなので、遺体が引き取られるのはかなり時間が経過してからになる。

麻原の遺体は七月九日、東京都府中市の葬祭場で火葬された。麻原は遺言こそ残さなかったが、執行七分前の六日午前七時五十三分に自身の遺体の引き取り先として、既に教団から離脱し両親との相続関係も断っている四女を指定したといわれる。

四女は七月七、八両日、東京拘置所を訪れて麻原の遺体と対面し、その引き取り方法を協議している。四女は《一度の死刑では足りないほどの罪を重ねましたが、（中略）今はその死を悼《いた》みたい》とのコメントを弁護士のブログに載せているが、遺骨を持つことに身の危険を感じて躊躇《ちゆうちよ》しており、当面は拘置所側が保管する方針だ。

麻原の妻と六人の子供のうち長女と四女を除いた四人は七日、麻原の遺体を「祭祀（信仰）の対象になる」として引き渡しを求める要求書を上川陽子法相に提出。拘置所の医師が今年五月に「（麻原との）会話は成立しない」との陳述書を出したことを根拠に、「麻原の精神状態から特定の人を指定することはあり得ない」と主張し、麻原の神格化やその遺骨安置場所の聖地化を懸念し、太平洋への散骨を促《うなが》す法務省、公安当局の姿勢を批判しており、遺骨の引き取りをめぐって大きな争いに発展しそうである。麻原は死してなお、信者はもとより一般市民を巻き込んでのトラブルメーカーになりそうな気配が濃厚なのだ。

《宗教家以前に犯罪者》

確定死刑囚は東京、大阪など全国八拘置所にある四畳ほどの広さの独房で生活する。労役は免除され、毎日三回の食事と朝昼二回、計三十分ほど身体を動かす以外はやることがなく、ただ死刑執行を待つだけの日々だ。

しかも二〇一八年三月、確定死刑囚十三人のうち七人が東京拘置所から他の拘置所に移送され、「執行の準備」との観測が広がった。それだけに麻原をはじめオウム元幹部たちは常に、内心密《ひそ》かにいつ「お迎え」が来るかとビクビクしてきたのだ。

未《いま》だに麻原を「尊師」と呼ぶことがあり、マインドコントロールがあまり解けていないとされる新實智光《にいみともみつ》・元教団「自治省」大臣（死刑執行済）であっても時折、刑務官に「誰が何と言っても死刑執行は尊師が一番先ですよね」と尋ねるなど、生への執着や死への恐怖を強く覗かせていたという。

彼は二〇〇八年六月、向かいの独房に収容されていた連続幼女誘拐殺人犯の宮﨑勤が死刑を執行される日の朝食後、「あっ」と声を上げたところをたまたま聞いていた。

精神障害を装っていたとされる宮﨑が運命を悟った瞬間、思わず発した心の叫びだったのだろうが、それ以来、なおさら気が落ちつかなくなってきたらしい。

元教団幹部の中で最も動きが慌ただしかったのは小池(旧姓・林)泰男死刑囚。彼は一九九八年から法廷で、「麻原はすべてを認めて謝罪すべきだ」「汚れたものを信じてしまった」などと教祖と教団を否定した。二〇一五年三月の公判では麻原について「今はただの大馬鹿者だと思っている」とまで言い切った。

だが、それとは裏腹に〇八年に自分の死刑が確定した後、麻原の三女アーチャリーと文通を始め、盛んに麻原の再審請求を促すなど法廷証言とは正反対の行動を取ってきた。

一二年五月には《内容なんか屁理屈でいいんだ(略)ただし、新証拠として誰かの「陳述書」だけは新たに付け加えないと……》と再審請求書の書き方まで三女に助言した。

その請求が棄却された一三年五月には、三回目の再審請求を促す手紙を三女に送っているが、可愛らしい象のキャラクターが付いた封筒に《ｙａｓｕ》と署名した横書きの手紙を入れるなど、「オウムの殺し屋」と恐れられたイメージからは想像できない気遣いを見せていたのだ。

文体も《お父さんの「2次請求」が棄却されたことが新聞に出てました。あらまあー。弁護団は次の請求書をすぐに提出したのかな？　大丈夫だよね》とか、《今から5、6次の計画もたてていかないと（略）10次請求ぐらいまで考えておかないとあかん》と、驚くほどに柔らかいタッチであった。

外界と遮断され、ただでさえ自分のことを気にかけてくれる人間のいない者にとって、文通相手がいることは堪《たま》らなく嬉しいことであろう。ただ、彼の場合、ほかの意識が強く働いていたような気がしてならない。

これには、オウム弁護団も「教祖の身を心配しているというよりは、自分の死刑執行を引き延ばしたいだけではないか」と複雑な表情であった。

もっとも、小池に加え、新實や早川紀代秀《きよひで》・元教団「建設省」大臣、横山真人・元教団「科学技術省」次官の元・現死刑囚三人も三女と文通しており、彼らの胸中を占めるのも死への恐怖だけであったと言っていいだろう。

かつて肉親と弁護人しか認めなかった確定死刑囚との面会は、〇七年の法改正で支援者らも許されるようになったが、三女が元・現死刑囚四人と定期的に面会し、差し入れの書物を回し読みさせることで、「教団に強い影響力を持つ人物（麻原等）の意向を伝達し、密かに意思疎通を図っていた」（法務省幹部）として東京拘置所は一三年五月から三女の面会を認めず、三女は面会許可を求めて東京地裁に提訴した。

その訴訟の陳述書の中で、三女は死刑執行に怯《おび》える元幹部たちの姿をこう記している。

《全く別の人の死刑執行があった次の日、（元幹部が）顔面蒼白で面会室に現れ、「昨日またあった」と興奮して教えてくれた……》

教祖の元主治医で、取り調べや公判では麻原を「化け物」と呼んでいた中川智正《ともまさ》・元教団「法皇内庁」長官（死刑執行済）は、平田信《まこと》容疑者（現・服役囚）の出頭を聞いた時、思わず「これで死刑執行はないぞ」と叫んだという。

親交のある俳人と年二回、俳句同人誌を発行し、自作の俳句を掲載するなど比較的心の落ちついた日々を送っていると見られる中川でさえ、この有り様なのだ。

その中川は、一六年秋に発刊された専門誌『現代化学』一六年十一月号に、六ページにわたって手記を発表した。一連のオウム真理教事件を研究する米毒物学者で、一一年から中川との面会を続けてきた米コロラド州立大学のアンソニー・トゥー名誉教授の勧めに従い、執筆したという。

冒頭と結びで地下鉄サリン事件の被害者に対して謝罪したうえで、サリン製造の経緯などを詳述している。その中で彼は麻原を《麻原氏》と呼び、《ヨガや瞑想の指導者としての能力は極めて高かった》と未だに評価していた。が、その一方で《自分を深く信頼している者を選んで、殺人や化学兵器の製造などを命じた》と指弾。《私を含めて教団が殺人を犯すなどと思って入信した者は皆無だった》とし、犯罪と無縁だった宗教団体を変容させた麻原を《宗教家以前に犯罪者》と激しく非難している。

また岡崎（現姓・宮前）一明《かずあき》死刑囚は水墨画を描き、広瀬健一死刑囚に至っては宗教問題専門のジャーナリストを通じて、カルト宗教への注意点や対処法などを綴《つづ》り、ネットで公開している。が、残念ながら、後悔先に立たず、時既に遅し――である。

確定死刑囚が自らの罪を悔い改めることはいいのだが、それを大々的に公表することに「死刑執行の順番を少しでも遅らせようという心積もりがあるのではないか」と勘繰る人がいることも事実である。

ただ、皮肉なことに十三人のうち早川、新實、中川と、教祖最側近の井上嘉浩《よしひろ》、サリン製造に関わった土谷正実、遠藤誠一の計六人が麻原とともに死刑を執行されている。

自由奔放？な獄中生活

では、当の麻原彰晃は東京拘置所内でどんな生活を送っていたのか。

これがハッキリ言って、まるで二重人格、いや多重人格の人間のように振る舞い、さっぱり本性が摑《つか》めない暮らしぶりだったという。

麻原が東京拘置所のどこの房にいて、どんな生活をしていたのかは、拘置所内外におけるトップシークレットである。

麻原を操って巨額の利益を得た闇社会の住人や、彼に恨みを抱く者による暗殺、逆に彼を未だに信奉するオウム残党勢力による奪還といった行動への警戒に加え、他の犯罪者たちの嫌がらせなどを防ぐため、彼のいる独房の扉には名前や番号などは一切書かれておらず、両隣の房も空き室になっていて、麻原関係の物置き場となっていた。

東京拘置所は老朽化のため建て替え工事が行われ、二〇〇三年三月に現在の巨大高層ビルのような新しい拘置所に生まれ変わり、当時収容されていた麻原をはじめ約千五百人が四日間で旧施設から移動している。

旧拘置所内での麻原は、他の収容者と全く違い、毎朝七時の起床でも一人では起きられ

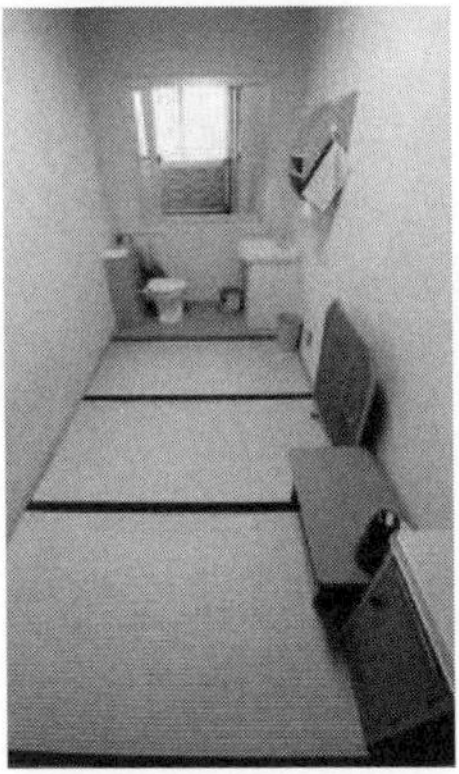

死刑囚が収容されている東京拘置所の独居房

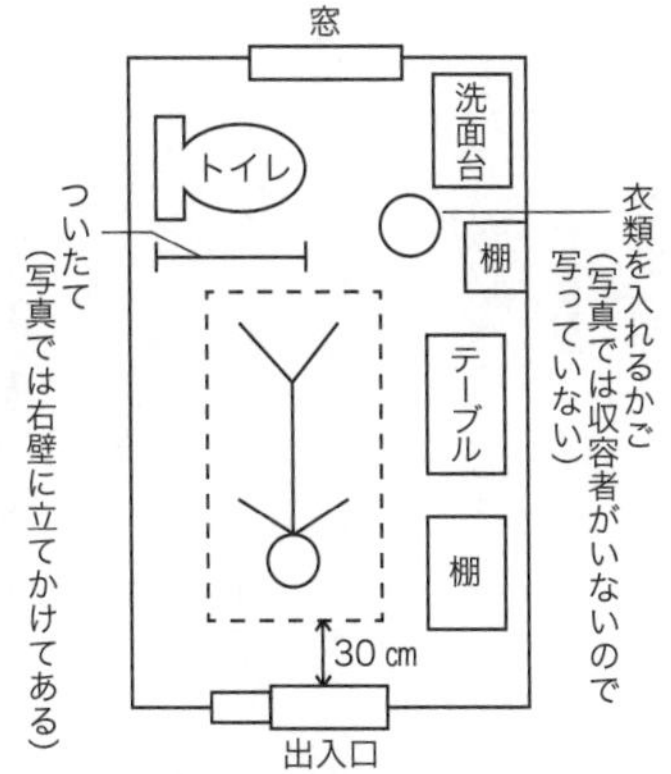

寝る時は出入口に頭を向け（30㎝間隔）布団（座布団が多い）はテーブルの下に置く

ず、刑務官がドアを開けて布団を引き剝がして、房外に出すのが日課だった。精神を病んでいる（ふりをしている）のか、着替えも排便も一人ではできず、オムツは付けているものの毎日一回しか換えないため、布団や畳の上に糞尿を垂れ流していた。もっとも畳や布団もビニールやプラスチックが敷いてある特別製の物を使っていたという。

房の掃除、入浴、運動……と何から何まで受刑者から選ばれた衛生夫や刑務官らの世話になっており、一人では何一つできなかったという。

それでいて食欲は極めて旺盛だった。食事は通常、房の鉄扉の下部に付いている配膳口から収容者が食器を差し出し、そこに食べ物を盛りつけて中に入れる。食事が済むと、収容者が空いた食器を配膳口から差し出してくる仕組みだが、麻原は何もしなかったので、刑務官がお盆に載せた食事を房内に運び入れるなど〝上げ膳据え膳〟状態となり、それを毎回、ぺろりと平らげるのだ。

他の収容者と違って、外部からの菓子などの差し入れも多かったから、糞尿の臭いと不衛生な点さえ我慢すれば、贅沢な生活と言っていいかも知れないというのが拘置所関係者の共通した感想だった。

内部事情を知る衛生夫などの受刑者たちは、「房内で暴れたり叫んだりしたことはなかったけど、頭がいかれてしまっているのかと思っていました。刑務官に『どうせ死ぬんだから、どうでもいいと思っているんですかね』と聞いたら、『人間、諦めるとああなるんじゃないか』と言っていました」と話していた。

ところが、麻原が当初付けていたという獄中ノートを見ると、こんな記述があった。

《毎日八時間から十時間、刑事に責めたてられ、自己の一心をいじめながら人生の終わりを迎えたい……》

また、麻原は逮捕直後から約二年間、接見した弁護士が聞き取った言葉を伝言する形で教団にこっそりと、さまざまなメッセージや指示を出していたことが、公安当局が幹部から得た内部文書で明らかになっている。

例えば、九五年十一月にそうしたやり方で、「教団を任意団体に移行させ、新しい団体名を『アレフ』とする」などと指示していたとされる。教団名を「アレフ」に改称したのは、それから四年以上経った二〇〇〇年二月のことだが、今の教団の命名をしたのは麻原だから信者たちが麻原を崇拝するのはある意味、当然なのだ。

さらに翌九六年六月には、新しい教祖を長男と次男とすることを指示し、教団はその直後に発表している。

また、九六年二月には「取調官の言葉の意味そのものを全く理解しないようにし、音としてすら認識しなかったとしたら、一切の苦しみから解放されることになる。これが解脱《げだつ》です」と発言。弁護士を通じて逮捕された幹部たちに黙秘するように求め、一斉に取り調べに対する態度を変えさせたという。

ただ、こうした姑息《こそく》な手口が逆に幹部たちの不信感を募らせ、彼らは次々と離反していった。常識から言って当然のことなのだが、麻原からすれば想定外の結果だったのだろう。麻原の態度が大きく変わったのは、それからすぐのことであった。

一審判決後に新たに結成された控訴審弁護団は何回も麻原に接見を試みたが、意思疎通が図れない状態が続き、〇四年十月に公判手続き停止を申し入れたが、東京高裁は十二月に弁護団の主張を退《しりぞ》けている。
その決定の判断基準の一つになった東京拘置所長の回答書に、こんな記述がある。
《九六年十月十八日の公判（麻原が最も信頼していた井上嘉浩被告が教祖を批判するなど造反した）時に見られた異変は、井上に対する弁護側反対尋問に反発して、「やめろ」と不規則発言を行った。拘置所に戻ってからも「俺の弟子は……」と泣き叫びながら、差し入れのチーズを独居房の壁に投げつけた。実名を次々と口にしてなじり、愛人関係にあった教団最高幹部の女性との関係を大声で叫び始め、翌朝まで泣きながら独り言を言い続けた……》
《東京拘置所は翌十九日、松本智津夫被告を保護房に移動させた。しばらくは落ちついていたが、十月二十四日に突然、エスカレートする。保護房で立ったり座ったりを繰り返し、「俺は神だ」「俺はキリストだ」などと言ったり、「絞首台に連れていけ」と叫んだかと思ったら、「俺は精神病だから精神病院に連れていけ」と繰り返す。やがて自分の頭を保護房の壁に何度も激突させ始めた……》
《九七年になると、三月には「ここは拘置所ではない。日本テレビです」と意味不明なことを言ったり、一人で入浴できなくなったり、九月頃からは食事を手掴みで食べるようになった……》

《九八年五月には「もうそろそろ自分の人生に幕を下ろしたいんです。お願いだから青酸カリを下さい。私は嵌《は》められたんです」と拘置所職員に言ってきた》

《〇一年三月から失禁が頻繁《ひんぱん》に起こるようになったため、オムツを着用させ、やがて排便まですするようになった。七月三日には衣服を正確に着ることができなくなった。ズボンの上からオムツを着用していたので、職員が注意すると、足蹴にしたり扉を殴打したため、保護房に入れられた。野球の投球フォームを繰り返し「大リーグボール三号だ」と気勢を上げていた……》

ここで見られた麻原の異常な態度と言動を何らかの精神的な障害と判断するか、それとも死刑逃れの演技と見るかはなかなか難しい問題だ。

〇四年八月に初めて麻原に接見した次女は、何を言っても「ウン、ウン」としか言わない父親に衝撃を受けた。〇五年十月の時は「グン、グン」と音を出し、痙攣を始めたという。〇五年八月に三姉妹で面会した時などは、麻原は面会室の娘たちの面前でマスターベーションを始め、看守が止めても繰り返し行っていたというから、おぞましい。

麻原と仲が良く、二十数回も面会に訪れていた三女は、そうした父親を見て「精神的に病んでいるのではないか」と心配していたが、父親と六回面会した四女は、麻原が言葉こそ発しないが、目や仕草でコミュニケーションを取ろうとしていたとして、「父は人間を憎悪し、自分を守るために詐病《さびょう》している」と喝破している。

東京拘置所は過去に麻原の頭部のＣＴスキャン等を行い、異常なしとの診断を受けており、東京高裁も公判手続き停止要求をはね除《の》けた。

私は、父親を詐病と断じた麻原の四女と同意見である。

その理由は本書をお読み頂ければ一目瞭然《いちもくりょうぜん》だ。麻原は自分がやってきたことを棚に上げ、寵愛する弟子に裏切られ衝撃を受けて激怒し、錯乱状態に陥っただけである。エキセントリックで派手な言動は、麻原が得意とする手法であり、特に驚くほどのものではない。

麻原が死んで何が変わるのか――今まで口を閉ざしていた人々が語り始め、闇のベールに包まれていた「驚くべき真実」が次々と噴出するのか。本書はその先駆けとして、これまで謎とされてきた秘めごとを一挙公開することにした。

オウム真理教とは、麻原彰晃とは何だったのか。

第1章

崩壊

連日第6サティアン前で張り込みを続ける報道関係者（山梨県・旧上九一色村 1995年05月07日）
©時事

大荒れの教祖裁判

「こりゃ、いよいよ、麻原彰晃もあかんなぁ……」

その男は思わず、そう呟いていた。

一九九六年十月十八日、東京地裁の一〇四号法廷。東京地裁でも最大の広さを誇る法廷では、超満員の傍聴者が注視する中、麻原に対する第十三回公判が開かれ、地下鉄サリン事件で現場指揮官を務めた元教団幹部の井上嘉浩証人（死刑執行済）に対する弁護側の反対尋問が行われた。

地下鉄サリン事件とは言うまでもなく、九五年三月二十日に東京の官庁街・霞が関などを通る営団地下鉄（現・東京メトロ）の車内で、オウム真理教の信者たちが劇薬サリンの入ったビニール袋を傘などで突き破り、猛毒ガスを発生させて、十三人の死者と六千人以上の重軽症者を出した無差別大量殺傷テロである。

この事件に関する一連の裁判は、開廷当初から大荒れの兆候が見られた。

その理由としてはまず、大勢の市民らを死に追いやった教祖がいったい法廷で何を語るのか——という点に、人々の関心が寄せられていたことが挙げられよう。

首都・東京をパニックに陥《おとしい》れた地下鉄サリン事件に対する人々の関心の高さが、その前提にあったことは言うまでもない。

現に、事件から一年余を経た九六年四月二十四日に開かれた麻原の初公判には、わずか六十枚足らずの傍聴券を求め、何と一万二千人余の人々が裁判所近くの日比谷公園に設けられた抽選場所に長蛇の列を作っている。これは、「総理の犯罪を裁く」として日本中の注目を集めた田中角栄元首相のロッキード事件裁判の判決公判時の三倍以上の人数であり、この異常事態に裁判所内外の警備状態はより一層厳重になった。

人の出入りは正門の一か所に限定され、他の門はすべて閉鎖された。一般傍聴者は正門を入ると空港のハイジャック防止用に使われる金属探知ゲートを潜《くぐ》らされ、さらに徹底的なボディチェックや手荷物検査を経て、ようやく裁判所内に入ることができた。

麻原の口封じ目的の暗殺から教団や教祖に対する報復テロ、教団内に残る狂信的な麻原信奉者による教祖奪還などが予想されたため、当然と言えば当然の警戒態勢である。

その後の公判においても、東京拘置所から出廷する麻原一人のために七人の刑務官が付き添い、法廷内で手錠と腰縄が外される時も七人が人垣を作る中で行われた。また、この法廷には常時、少なくとも四人の職員が配備され、傍聴席の警戒に当たっていた。

十月十八日の公判では、わずか十六歳、高校二年の時に「オウム神仙の会」に入会して以来の信者で、麻原の側近中の側近として教団の暗部を担ってきた元教団「諜報省《ちょうほう》」大臣の井上が、麻原や教団の地下活動についてどう語るのかにも注目が集まった。

ところが、この日、井上に対する検察側の尋問が終わり、弁護側が反対尋問を始めた矢先、出廷していた麻原が突然、「この事件は私が背負う」と言い出し、井上への尋問中止を要求したうえで、勝手にとうとうと全面無罪の主張を述べ始めたのだ。

実は、麻原と弁護団の事前打ち合わせで麻原が強硬に「井上証人への反対尋問はすべきではない」と主張していたと、後に弁護団が明らかにしている。だが、麻原の一方的な態度表明は、法廷の様子から弁護側も予期していなかったことは明らかで、弁護側は休廷時間を利用して懸命に麻原の説得に当たり、「井上証人の証言は重大で、このまま検察側の主張が事実として認められれば（麻原）被告人に非常に不利になる」と何とか宥《なだ》めすかして〝一種のハプニング〟として扱うことで決着を図った。ただ、麻原にはそうした対応ぶりが大いに不満であったことは間違いないだろう。

それ以前にも麻原は、九五年十月に開かれる予定だった自らの初公判を前に、唯一の私選弁護人を解任するという暴挙に出て、裁判を延期させている。

改めて十二人の国選弁護団が結成され、裁判は半年後の九六年四月二十四日から始まったが、徹底抗戦の方針を打ち出した麻原は、起訴された十七事件すべての罪状認否を留保するという戦術に出た。

四月の初公判で名前を問われ、「麻原彰晃と言います」と答えた麻原は、裁判長に「松本智津夫ではないか」と質《ただ》され、「その名前は捨てました」と胸を張った。

その頃の麻原は未だに自分が行動を起こせば、弟子たちはそれに追従して立ち上がるという自負があり、相当に自信を持っていた。

しかし、九六年九月から始まった地下鉄サリン事件の証人尋問で、検察側証人として出廷した林郁夫《いくお》・元教団「治療省」大臣（現・服役囚、無期懲役）をはじめかつての弟子たちは、次々と麻原に不利となる証言、特に彼が最も隠しておきたかった「教祖の指示による犯罪」の実態を率先して告発する内容の証言を行い、中には「麻原に騙された」とあからさまに罵《ののし》ったり、「これは教祖の犯罪だ」とか「教祖自らが真実を語れ！」などと教団入信時には想像することさえかなわなかった諫言《かんげん》や非難を浴びせる元教団幹部さえ現れた。

実は、弟子たちの多くは既に洗脳から解け、麻原や教団の教えから離反したり、離反しようとしていたのだ。そうした弟子たちの言動を「裏切り」と受け止めた麻原は大いに失望し、また少なからぬ焦燥を感じ、次第に不安を募らせていった。

やがて精神的に追い詰められた麻原は、拘置所内でもブツブツ言いながらやたら歩き回ったり、突然大声で叫んだりするなど情緒不安定な行動を取るようになり、所内の定期的な健康診断や採血検査も拒否していた。

法廷でも当初は被告席から盛んに弟子たちの証言を妨害する不規則発言を繰り返し、弟子の心を動揺させようとした。そのため、裁判長から何度も注意され、退廷処分を受けている。これら一連の様相こそが、教祖・麻原自身の崩壊だったことが窺《うかが》える。

井上の反対尋問時における態度表明や無罪主張はそうした麻原の失望や焦燥の表れであり、自分の教祖としての威厳を示す最後のチャンスだったのかも知れない。

苦笑い、のち号泣

最も期待していた井上さえも他の幹部たちと同様に離反しようとしていた。そのため急に不安が募り落ちつかなくなった麻原は、井上への尋問がいよいよ佳境に入り教団の武装化などに及ぶと、とうとう我慢できなくなり、立ち上がって大声を張り上げ、異議を差し挟むという妨害行動に出た。

それを見てこのまま審理を続行することは困難と判断した裁判長は、検察、弁護側双方を睨《にら》みつけたうえで閉廷を宣言したが、その時、件《くだん》の出来事は起こったのだ。

蓬髪《ほうはつ》、長い髭《ひげ》という特異な風貌を振りかざし、わざと威厳を見せつけるかのような仕草で麻原は二回にわたり、「井上証人」「井上証人」と声をかけた後でこう言い放った。

「（出廷した皆さんが我々を）精神病だと思われているようだから、井上証人、そこで跳んでみてくれ！」

前述したように、井上は教団「諜報省」大臣として常に麻原の側に控え、一連の犯罪行為への参加はもとより、教団内外での情報収集、信者の監視及び粛清、教祖の警護などさまざまな任務をこなしてきた側近中の側近である。また、麻原はかつて井上のことを「教団随一の神通力者」と高く評価していたこともある。

そんな「自慢の弟子」である井上に、かつて教団の存在を一躍有名にした「空中浮揚」という奇跡的な技を演じて見せるように命じたのだ。

「空中浮揚」とはヨガのポーズである結跏趺坐《けっかふざ》を組んだまま跳び上がり、空中に一時停止するもので、麻原が跳び上がっている写真が雑誌などで紹介され、オウムの名前が全国的に知れ渡るきっかけになった「神秘的能力」である。

麻原は未だに教団を「神秘的能力を持つ超人集団」とみなし、自分の指示で直ちに「神秘的能力」を発揮できると考えていたのだろうか。

こうした勘違いは何も、麻原だけの専売特許ではなかった。オウム全盛期には信者たちもその思いを教祖と共有しており、「自分たちこそ、この汚れた世の中や人民を救済することができる〝選ばれた者〟である」と思い込んでいたのだ。

だからこそ、信者たちは地下鉄サリン事件のような世界でも例を見ない無差別大量殺傷事件を、臆することなく堂々と起こすことができたのである。

洗脳から解けていた井上は、麻原から「跳んでみてくれ」とまさかの空中浮揚を命じられた時、麻原の方をきっと見返し、大声こそ上げなかったが、思わず「この人はバカか。そんなインチキをまだ信じ、この場で口にするのか」といった嘲《あざけ》りの言葉を呟き、そこに哀れみを加味したような何とも言えぬ表情を浮かべた。

それはほんの一瞬のことだったが、麻原がそれを見逃すはずもなかった。

麻原は呆然とした表情で、しばし井上の顔を見つめた。ショックでしばらく身動きできなかったかに思えたが、やがて諦めたように俯《うつむ》き全身をブルブルと震わせた後、ほんの少しだけ苦笑いを浮かべたようにも見えた。

ただ、そうした心を抑えた態度は法廷内だけであった。

拘置所に戻った麻原は前述したように、号泣しながら独り言を叫び続けていたといい、そうした醜態が長く続き、特に大声を出すので、翌日には保護房に入れられた。

弁護団は麻原を落ちつかせ事情を聴こうと接見を求めたが、麻原が拘置所職員の問いかけに全く答えなかったり職員に体当たりしたりして抵抗したため、接見できない状態が続いた。これは興奮状態が続いていたからだけではなく、「私は国選（弁護士）先生をはじめ（皆から）滅茶滅茶いじめられているのではないか」とか、「国選（弁護士）先生からニヤニヤしている波動が伝わってくる」と言うほど弁護団への不信感が募り、最早、誰も信じられなくなっていたと見られる。

これを境に、麻原の裁判に対する姿勢が大きく変化した。

九六年十一月の第十四回公判では、広瀬健一証人（現・死刑囚）に対する弁護側の反対尋問の最中に、麻原は「前回と全く同じことを聞いているので、即刻、死刑判決を下して欲しい」とか「ここは裁判所ではない。劇場じゃないか」など訳の分からない言動を繰り返し、盛んに精神的に異常を来したようなそぶりを見せ始めた。

さらに九七年四月の公判で、麻原はそれまで法廷では重たかった口を開いたかと思ったら、約二時間四十分にわたり、延々と怪しげな英語を交えた意見陳述を行い、十七事件すべてに対して無罪を主張した。

しかし、裁判長が再三にわたり「日本語で述べなさい」と注意したにもかかわらず、これを無視したこともあって、麻原の言い分を真剣に聞く者はほとんどなかった。

このことに絶望した麻原は、その後の法廷では居眠りしたり、小声でブツブツと英語交じりの妄想発言を呟くだけで、裁判から逃避するようになる。

九八年十二月から始まった弟子たちの公判での麻原への証人尋問でも、彼は宣誓を拒否し、二〇〇〇年四月までに十回出廷したうち、何とか証言段階まで進んだのはたった二回だけというサボタージュを続けた。しかも、その証言内容は前述した意見陳述とほぼ同じで、英語交じりの呟きや尋問をはぐらかすだけの意味不明の主張ばかりだった。終《しま》いにはそうしたインチキぶりは被告席の弟子たちから厳しく非難され、沈黙せざるを得ない状態に追い込まれてしまうといった体《てい》たらくであった。

オウム真理教関連の裁判はすべて終了しており、麻原はじめ元幹部信者十三人の死刑判決が確定し、裁判の終了した信者百九十人の有罪が確定（無罪二人）。すべての犯行で教祖が指示していたという事実が認定されている。

つまり、麻原ら確定死刑囚はいつ死刑が執行されてもおかしくなかったのだ。

天才詐欺師「神爺」参上！

ところで、本章冒頭に登場して「麻原彰晃もあかんなぁ」と呟いた男は、いったい何者なのか。

男はその日、超満員だった傍聴席の抽選に外れたため、麻原の惚《ほう》けたような顔を直接見られなかったが、東京地裁前で公判終了まで待機し、傍聴した知人から麻原の様子を細かく聞いて「麻原とオウム真理教は終わった」と直観的に感じたのだという。

かつて麻原の熱烈なる信奉者で、逮捕後に熱が冷め、出所した後は完全に教団から離れた元幹部の一人は、この男に何度も電話をかけてきて、教団への非難や教祖への罵詈雑言《ばりぞうごん》を散々並べた挙げ句、こう言い放ったという。

「あいつ（麻原）の死刑執行はまだですか。今でも時々、教団にいた時の悪夢を見るんです。あいつがこの世から消えない限り、俺の苦悩は絶対になくならないんです」

そして、この元幹部は最後に厭《いや》みタップリにこう皮肉り、嘲笑《ちょうしょう》した。

「もっとも、あいつが本当に空中浮揚できるなら、絞首刑では死なないはずですよね」


一九七七年に故郷・熊本から上京した松本智津夫が麻原彰晃と名を変え、「オウム神仙の会」を立ち上げ「オウム真理教」として発展させるまでの間、実は、彼の周辺には三人のブレーンがいたとされている。

その三人は、後に犯罪に加担して警察当局に逮捕される教団幹部たちとは一線を画した全く別のメンバーであり、未だ警察当局にさえよく知られていない男たちである。

三人については第2章で詳述するが、ここに登場した男とはその中の一人で、自ら「麻原に人を騙すテクニックを伝授し、徹底的に仕込んだのは俺だ」と豪語する。

この男は詐欺師仲間から「神爺《かみじい》」と呼ばれ天才として崇拝されていた人物で、この時既に七十代に達する老詐欺師だった。

二人の出会いはある意味で必然と言えたし、その関係は腐れ縁と言ってもいいものであった。

麻原彰晃こと松本智津夫は一九五五年三月二日、九州南西部に位置する熊本県の旧八代《やつしろ》郡金剛村（前年に八代市に編入。現在の同市高植本町《たかうえほんまち》）で生まれた。男五人女二人の七人兄弟姉妹の中で、下から二番目に当たる四男だった。

智津夫が生まれた土地は干満の差が激しい不知火《しらぬい》海と、八代市を通って不知火海に流れ込む球磨《くま》川が築き上げた肥沃な干潟《ひがた》が広がっていた。江戸時代に細川藩が行っていた干拓事業がその後も続き、旧金剛村が新たに干拓地を広げ、全国から入植者を集めて農業を行わせており、松本家も一九四二年一月に移住してきた。

親族の話によれば、智津夫の祖父は平壌《ピョンヤン》（現・北朝鮮の首都）で警察署長をしていたという。智津夫の父親は自宅近くでたくさん取れるイグサを使って畳店を営んでいたが、周囲には経済的に苦しい家庭が多く、畳の張り替え仕事などは滅多になかった。松本家は収入の少ない割には子供ばかりが多く生まれる典型的な「貧乏人の子だくさん家庭」であった。何しろ、松本家自体がトタン板を張り合わせて、その上にワラを被《かぶ》せただけの納屋《なや》のような住宅（借家）に住んでいたのだから、畳店が繁盛するわけがなかった。

智津夫は先天性緑内障《りょくないしょう》と視野狭窄《きょうさく》のため生まれつき視力が弱かったが、同年代の子供より早熟で体格もよく勉強もよくできたため、一度は近くの金剛小学校に入学した。

しかし、すぐに県立盲学校に転校することになり、彼は六歳で親元を離れ、約四十キロも離れた県都・熊本市にあった盲学校の寄宿舎（学生寮）で十四年間過ごしているが、この時の様子を後に智津夫は知人に、こう明かしている。

「母親と兄（長男）に抱えられ引きずられるようにして、汽車とバスを乗り継ぎ二時間余りかけて盲学校に入学した。学校は教室間がベニヤで仕切られただけの老朽化した建物で、校舎と渡り廊下で繋がった寄宿舎は六人部屋だった。そんな学生生活が楽しいわけがないだろう」

話し相手になった知人は、「この原体験があり、それに対する恨みや反発心があるから、後にバラックのような教団施設でも平然と暮らせたし、拘置所の狭い独房さえ何とも思わなかったのではないか。オウムの原点はここにあるような気がする」と話している。

九五年の地下鉄サリン事件と麻原逮捕の報道は、松本一家を離散に追い込んだ。両親は九〇年代初めに畳店を閉じ、熊本市内で鍼灸院《しんきゆういん》を営んでいた長男一家宅に移り住んでいたが、報道後は周囲から冷たい視線を浴び、鍼灸院も閑古鳥《かんこどり》が鳴いて日々の生活にも窮するようになった。

智津夫の母親は九六年に七十六歳で亡くなり、翌九七年にはまるで後を追うように長男が五十三歳の若さでこの世を去った。その時、八十二歳になっていた父親は「もう熊本には住まわれんわ」と言って姿を消し、消息を絶っている。

まだオウム真理教事件が表面化する前に、私はこの父親から話を聞いたが、その段階で父親は既に麻原の行動を知っていたのか、はたまた、息子の将来を予見していたのか、私に対してひたすら頭を深々と下げ、「智津夫がやったことは全く知りませんが、どうせろくなことはしていないでしょう。どうか許してやって下さい。私たちは（社会の）下（層部）で生きてきた者なんです。何も分かりません。勘弁して下さい」と謝っていた。

こうしてすぐ腰を低くして消極姿勢のポーズを取ることが、智津夫にはどうにも我慢ならなかったらしく、後に兄に対し、「あんな情けない親のようにはなりたくない」と語っている。

しかも、嫌がる智津夫を強引に盲学校に入学させたばかりでなく、入学の真の理由が経済的に困窮していた一家による口減らしと、国から下りる就学奨励金を実家に送らせて生活費に充《あ》てようとしていたことだと知って、智津夫は親に対する不信感を募らせていたから、親子関係はますます悪化する一方であった。

そして、智津夫が家族と不仲な関係を続けたことは、その後の生きざまに悪しき影響を与えたことは間違いない。

後に智津夫が友人らに漏らした言葉に、その心情が表れている。

「私の親は就学奨励金を自分たちのために使おうと、私からかすめ取ろうとした。そこまで私は両親から嫌われ、疎《うと》まれていた。いらん子だったんだ」

「小さい頃、私が悪戯《いたずら》する度に父親はボコボコに殴りつけ、母親は『智津夫は私の子じゃない。恥ずかしくて表を歩けないよ』と大声で言いふらした。二人はいつも真剣に『どこかに捨てて来ようか』と話し合っていた。ある時、実際にはやっていないスイカ泥棒の汚名を着せて、私を散々殴った末に叩き出した。盲学校に行かされたのも同じで、追い出したかっただけだ。私は親に捨てられたんだ」

そんな親子関係だったから、智津夫から麻原彰晃と名を変え教団を設立して以降も実家とは音信不通状態で、九〇年に母親が高血圧で倒れて生命が危ぶまれた時に実家に一時間余り訪れたぐらいで、それを最後に全く姿を見せなくなっていた。

旧金剛村にあった実家はその後、新しい借り手もなく、家主の手で取り壊されて更地となり、古い家電製品やオートバイなど不燃粗大ゴミの不法投棄場所と化していた。

そこから二百メートルほど離れた道路沿いにある松本家の墓石には、母親と長男の名前だけが刻まれ、父親が時折密かに訪ねていたようだが、それもいつしかなくなり、墓石は松本一家の絆とともに朽ち果てていった。

暴力団総長の元に転がり込む

盲学校時代の担任教諭や級友たちの話では、智津夫は真面目《まじめ》で授業にも積極的に取り組み、学業成績は常に上位だった。また、負けず嫌いな性格も手伝って部活の柔道に打ち込み、一人居残って自主練習を積み重ね、たちまち二段を取得するに至ったという。

彼の左目はほとんど見えなかったが、右目は当初一・〇近く、後にも〇・二～〇・三程度の視力があったから、周囲の景色などはきちんと見分けられたし、顔を書物に近づければ文字を読むこともできたため、本人はハンデと考えていなかったようだ。

そのため智津夫がほかの目の不自由な生徒たちより勉学、特に体育が得意であったのは当然であり、彼からすればもっと活発に勉強や学校活動をしたかったらしい。だが、この逆ハンデが盲学校では災いし、例えば大活躍が約束されたような運動会ではあまり競技に参加させてもらえず、応援団長を務めさせられるなどしたため、ストレスが溜まることの方が多かったと思われる。

さらに、盲学校には小学部（小学校）から短大に当たる専攻科まで計約百五十人の生徒がいたが、熊本市内に自宅がある生徒は毎日、親に送られ登校していたし、寮生でも週末になると親が面会に現れて一緒に外出したり、年末年始や夏休みなどの長期休暇には帰省したりしていた。このほか、子供たちが寂しい思いをしないようにと、季節ごとに洋服や食料品などを差し入れる親さえおり、学校側も黙認していた。

ところが、智津夫のところには週末や長期休暇になっても誰も訪れる者はなく、たった一人寮に残されていたし、差し入れ品も全くなく、見かねた教諭たちが上級生のお下がりをそれぞれの保護者の了解を得て譲ってもらい、着せていたという。

この時に味わった孤独感や寂寥《せきりょう》感、憤懣《ふんまん》、憤《いきどお》りといった感情が、後の智津夫の性格形成に大きな影響を与えたことは間違いあるまい。

智津夫は次第に下級生らを引き連れ、学校に届け出ない「勝手な外出」をするようになり、目が不自由な生徒たちが一人では帰れないという弱みにつけ込んで、自分が読みたい本や食べたい菓子などを万引きさせて鬱憤《うっぷん》晴らしをしていた。

それゆえ当然、大半の生徒たちからは敬遠され、小学部時代に児童会長選挙、中等部で生徒会長選挙にそれぞれ一回立候補したが、ともに落選するなど人望はなかった。

目の不自由な生徒たちを馬鹿にするなど知らぬ間に傲慢になっていた智津夫は、寮で出されるキャラメルやビスケットなどの菓子類を下級生から取り上げ、投票前に生徒たちに配って「俺に票を入れてくれ」と投票を依頼するなど堂々と買収行為に及んだ。

智津夫はこの菓子分配行為が気に入ったらしく、約二十年後、教団内においても「お菓子のイニシエーション」と称し、修法をかけたと称するカンロ飴を信者たちに配布する行動を取っている。それを有り難い様子で押し戴くようにして受け取る信者の姿こそが、智津夫が盲学校で行った菓子下げ渡しの儀式で生徒に求めたものであった。昔を思い出し、満足そうに頷《うなず》く麻原の顔が浮かんできそうな気色悪い話である。

落選後は、別の候補に投票したと思われる生徒たちを校舎裏などに呼び出し、「裏切り者」と怒鳴りつけたうえで力任せに殴ったといい、これらの行動はオウム教団内の信者リンチ事件に繋がるものと受け止められている。

智津夫にとって盲学校の生徒たちは、いつでも容易に服従させることができる「便利で有り難い存在」であった。盲学校という限定された世界で唯一、目が見えるという特権を行使できた智津夫は、地道な努力をせずとも権力と腕力を振りかざして命じさえすれば、いつでも思い通りにコトが運ぶ独裁国家を築けたのだ。

これこそ、オウム帝国の原型にほかならない。

また、小学部時代の智津夫が夢中になったのがマンガとロボットだった。

「ロボット帝国を作りたい」と語る智津夫に教諭が理由を尋ねると、彼はこう答えた。

「ロボットって人間の何十人分、何百人分も力持ちだし、文句も言わず働いてくれるでしょ。そんな手助けしてくれるロボットをたくさん作り、自分の思い通りに動く帝国を築くんだ」

そう語る智津夫の表情はいかにも嬉しそうだったという。こうしたコンプレックスの裏返しとも言える優越感や自己中心的な発想に基づく達成感といった思いが教団設立、そして勢力拡大の原動力となったことは容易に推測できる。また、智津夫がますます自分の考えや行動に自信を深めたことは間違いないだろう。

七五年三月に盲学校専攻科を卒業した智津夫は、これまで生活面や資金面で大いに世話になった長兄から「俺の店（鍼灸院）を手伝え」と言われたのにもかかわらず、引き止める兄を振り切って上京した。それどころか、兄を説得して強引に五十万円の資金まで借りている。

ところが、半年足らずで生活に行き詰まり、八代市の実家に舞い戻り、結局、兄の店を手伝うことになった。

自分の思い通りに行かないことにイラついていたこともあり、七六年七月に知人を殴打して傷害容疑で逮捕され、九月に八代簡裁で一万五千円の罰金刑判決を受けた。それをきっかけに熊本を離れ、「東京大学法学部進学」を口にして上京した。

しかし、智津夫が東京・渋谷の代々木ゼミナールに通い始めたのは七七年三月下旬であり、半年余の間、彼がどこで何をしていたのか謎とされてきた。その〝空白の半年間〟の秘密を明らかにしたのが、前出の老詐欺師「神爺」であった。

「麻原、いや松本君はこのまま飛び出して上京しても、カネはないし、伝《つて》もないから一年半前の二の舞になると分かってたんや。だから、信頼できる人物に行く末を相談してから東京に向かうことにしたんやないか」

と「神爺」。さらに、こう続ける。

「両親や家族でさえ信じていなかった松本君にとって、この時最も信頼できる人物とは、実は大分県別府市に事務所を構えていた山口組系のやくざの大親分さんだったんや。この親分さんは、松本君が地区の柔道大会で優勝した時、『目が悪いのによく頑張ったな』と感動し、激励してくれた方や。両親が学費を払わんどころか奨励金まで取ろうとしたという話を聞いて憤慨し、『学費は出したるから、勉学と柔道を頑張れや』と応援してくれたんや。松本君は感激して、私に『実の親だと思っている』と語ったぐらいや」

この親分とは、どんな人物だったのか。

ここに一冊の捜査報告書がある。

公安当局が地元県警の協力を得て、一年以上にわたって内偵捜査したり、監視や関係者の行動確認をするなど、情報収集を重ねたうえに作成した報告書で、調査対象は智津夫が出入りしていた暴力団組織であった。

それによると、この組織は山口組系三代目石井一家（当時）で、七五年頃は二代目総長が地元暴力団との間で、「別府抗争」と呼ばれた激しい抗争事件を繰り広げていた——とある。

ちょうど同じ頃、松本智津夫と見られる若者が何回も組事務所に出入りする姿が目撃されたという報告が、捜査員の監視日報に綴られていた。

「神爺」が麻原から直接聞いた話によれば、智津夫は一時、別府市内の組関係者宅に身を寄せていた。本人は八代市で起こした傷害事件の嫌なムードを一掃し、新しい出発にしたかったからだと言うが、柔道や鍼灸に関心のあった二代目総長に可愛がられ、鍼灸師として頻繁に事務所や自宅に出入りしていたと見られている。

当時、糖尿病を患《わずら》っていたとされる二代目総長は、智津夫の治療を殊《こと》の外《ほか》、喜んでいたという。また、二代目総長は一時、髪を長く伸ばし、立派な髭を蓄えていたといい、後の麻原彰晃の風貌はこの総長を真似たのではないかと見られている。

実は、当時は各地で暴力団同士の抗争事件が頻繁に起こっており、この組事務所にも大勢の組員や右翼団体の若者らが出入りしていた。その中には何と、後のオウム真理教幹部で唯一の現役暴力団組員として知られたKの姿もあった。

ところで、智津夫は上京前、二代目総長を見舞うため病院を訪ねた際、総長から「これからどうやっていくつもりだ」と問われ、「政治家を志します」と答えている。

だが、政治家志望を口にしながら、実際は「カネ儲けができる弁護士か宗教家がいい」とアルバイト先の鍼灸院長に漏らしていたことが分かった。

詳しくは後述するが、大分県を発ち《た》上京して一度は予備校に通ったものの、瞬《また》く間に勉強を諦め、詐欺師と宗教家への道を歩み始めた智津夫は、この大分県滞在の間に総長との間で何か重要な話し合いを持っていた可能性が高いと見られる。

一番初めは「病に苦しむ人を救いたい」と医師を目指し、さらに権力に目覚めて政治家を志向した智津夫が最終的に辿り着いたのが宗教家の道だとするならば、この「二つの異なる顔」が交差する延長線上に、オウム真理教誕生の秘密が、また無差別テロ事件勃発の原点が隠されているような気がしてならない。

そして、そこには必ず、松本智津夫の「心の闇」が潜んでいることは間違いあるまい。


二代目総長は九四年三月、割腹自殺を図って死亡した。大分県警の調べでも、自殺の理由が病気を苦にしたものか、別の何かがあるのかハッキリしていない。かつて面倒を見た智津夫のその後の麻原彰晃としての行動がかかわっていた可能性も定かでない。

ただ麻原彰晃に変身した智津夫に詐欺手法を教示し、ともに教団を作り上げた「神爺」を彼の元に派遣したのが二代目総長であったことは紛れもない事実である。

カナリア籠片手に突入

この誰よりも麻原彰晃の実態を知る老詐欺師が、前述の公判より一年半ほど前に、「麻原とオウム真理教の崩壊」を強く意識した瞬間があったという。

それは一九九五年五月十六日、山梨県上九一色村《かみくいしき》（現・富士河口湖町）にあった教団施設群のうち「第六サティアン」と呼ばれる建物内で、オウム真理教教祖・麻原彰晃が逮捕された時である。

別に教祖の身柄が警察に確保されたから、教団組織が崩壊するという意味ではない。逮捕された麻原の様子があまりにぶざま過ぎたので、「これで麻原もオウムも終わりだ」と痛感したのだという。

警察の強制捜査に対し、宗教団体としての毅然《きぜん》とした対応の仕方があっただろうし、逮捕されるにしても教祖として威厳ある態度を示しても良かったはずだ。が、麻原はそのどれも採らず、情けない姿を露《あらわ》にした。

まずは、次ページに掲げた二枚の写真をご覧頂きたい。

「第六サティアン」二階の屋根裏部屋に設けた狭い隠し部屋に腹這いになって隠れていた麻原彰晃が発見され、逮捕された瞬間を撮った極秘写真である。

警察当局しか撮影できない写真であり、捜査資料の写真をコピーしたものなのでやや鮮明さに欠けている点はお許し願いたい。

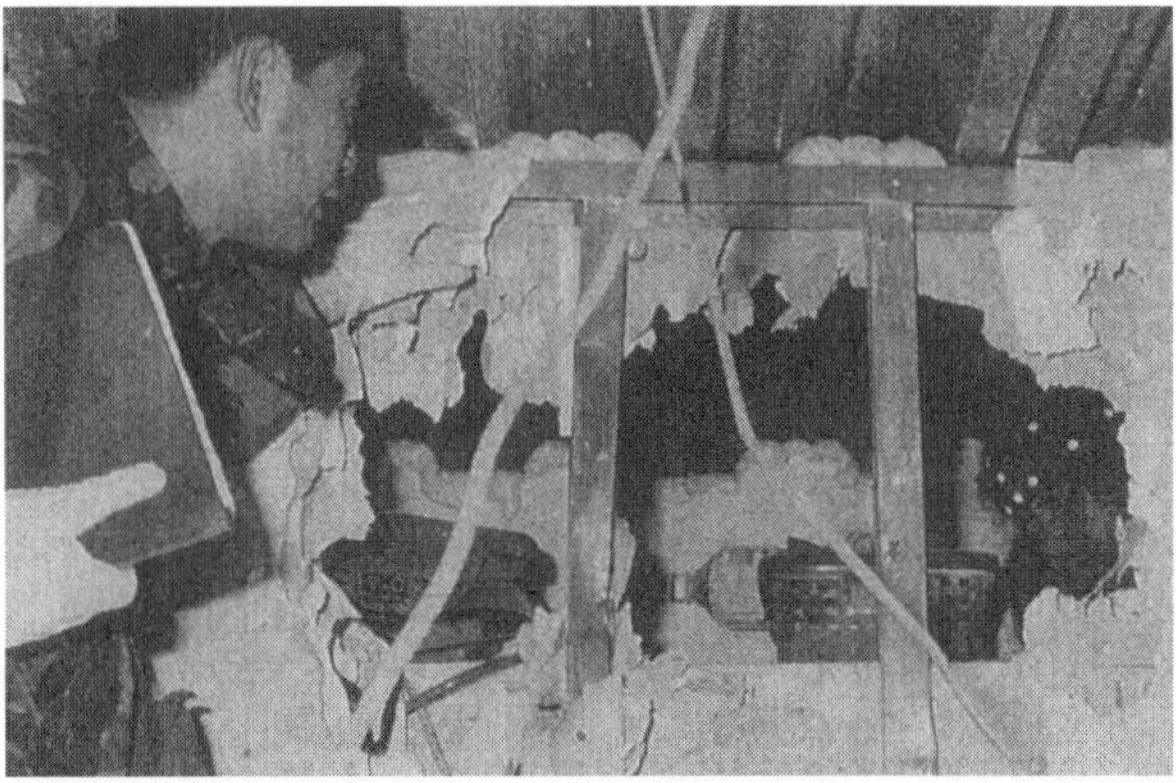

壁面を壊して開けられた穴の右側にヘッドギアをつけた麻原の頭部が見える

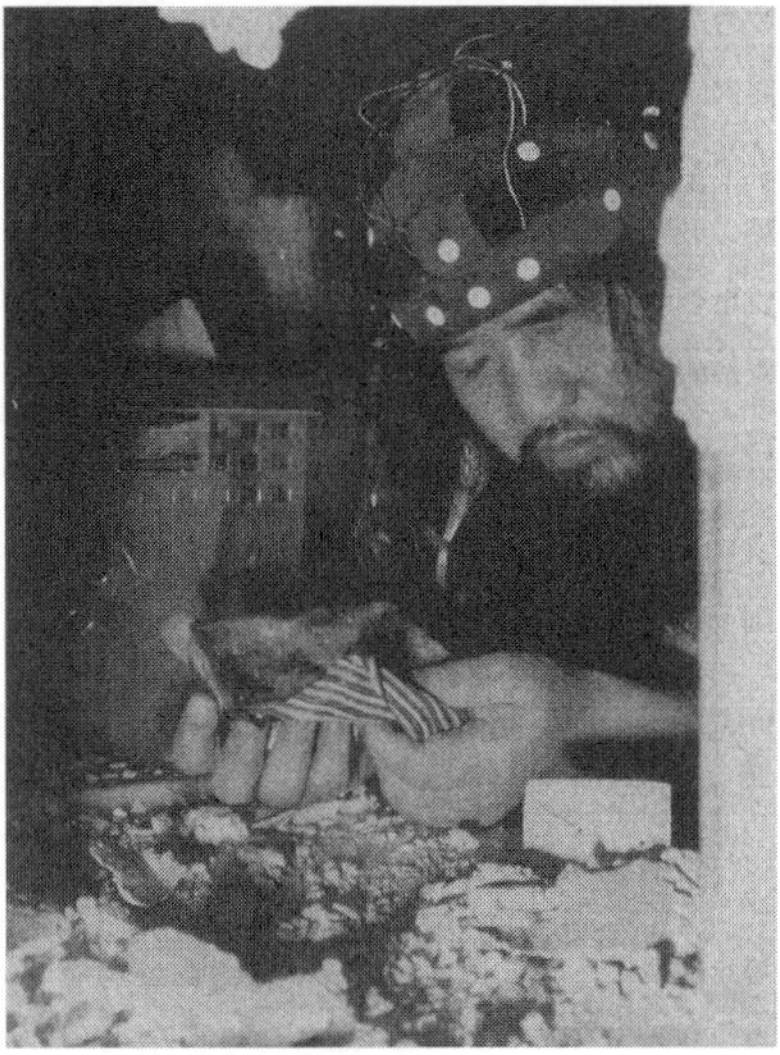

第6サティアンの2階と3階のあいだから発見された埃まみれの麻原

まずはとくとご覧頂こう。

逮捕時の状況については後述するが、一千万円近い札束を腹に巻き付けるように隠し持ち、埃《ほこり》まみれになって捕まった教祖の情けない顔を見て欲しい。

麻原を一流の詐欺師として鍛え上げてきた「神爺」は常々、彼にこんな極意を伝授していたという。

「何事も最初と最後が肝心だ。最初とは今（教団設立前に）必死に取り組んでいる教団の組織編成や教義制定、人材育成などの基礎作りだ。そして、最後とはお前（麻原）が死ぬか逮捕されるか、教団が解散させられる時だ。今は想像もつかないかも知れないが、いつかそういう時が来る。その時は潔《いさぎよ》く散って、伝説とならなければならない」

即ち、九五年五月の麻原逮捕時で言えば、麻原が教団施設内でサリンをまくか、爆弾を破裂させるか、何らかの方法で幹部信者が集団自殺を図るなど生命を絶ってこそ、麻原は「伝説の宗教人」として人々の記憶の中に残るだろうし、オウム真理教も永遠不滅の教団として生き残る可能性があった、というのである。

実は、そのことは警察当局も想定していて、教団施設への強制捜査に当たってはテロ行為に対する万全の準備をしてから臨んでいたといい、麻原はじめ教団幹部たちの速やかな身柄確保を優先して、捜索に当たっていたのだ。

この日から二か月近く前に警察当局が初めて、山梨県上九一色村の教団施設に強制捜査をかけた時のことだ。

九五年三月二十二日早朝五時、山梨県の中央高速道路談合坂《だんごうざか》サービスエリアに警察車両に乗って集結した捜査員たちに、自衛隊が使用する防毒マスクと防護服が手渡された。これらの装備を着けて訓練を重ねてきた機動隊員と違い、日頃は殺人事件などを担当する捜査一課の刑事ら一般捜査員の多くは、初めてマスクに触れた者が多かった。

サリン攻撃に備える対策としては、毒ガスに敏感に反応するカナリアの鳥籠を片手に持ち、突入するしかなかった。

産卵期で入手しにくかったカナリアを全国のデパートやペットショップなどを回って、何とか十五羽ほど揃えた。だが、毒ガスの専門家は「カナリアが死ぬ時は、鳥籠を持った人間も死ぬ」と警告したため、前日になって急きょ防毒マスクが追加配備されている。

捜査員たちは二日前に起きた地下鉄サリン事件の惨状が瞼《まぶた》に焼きついており、狭いバスの中での窮屈な防護服・防毒マスクの装着だったが、皆もがきながらも必死に取り組んでいたという。

捜査員たちの多くは死を覚悟して家族と水杯《みずさかずき》を交わした〝最後の晩餐〟に臨んだり、お守りが縫い付けられた真新しい下着を身に着けたりしていた。当時の野中広務・国家公安委員長は捜索前夜、東京・高輪《たかなわ》の議員宿舎で「二十人ぐらい警察官が死ぬかも知れない」と覚悟を決め、身を清め、墨をすって毛筆で辞職願を書き、密かに内ポケットに入れて自治大臣室に出勤したという。

山梨県の教団施設の捜索は午前七時にスタートしたが、それに先立ち午前六時から都内十一か所の教団施設の捜索が始まった。

突入部隊の主力は警視庁機動隊員の約百二十人で、捜査一課を中心に警視庁各課から二百五十三人が参加し、徹底的な捜索が行われた。こちらは多くの住民や通行人らが見守る中での捜索となったため、捜査員だけが身を守ることは許されないと防毒マスクは装着せず、手に持って突入しており、三百七十人余の捜査員もまさに命懸けであった。

一方、山梨県側の突入部隊は、警視庁と関東管区警察局の各機動隊員計五百六十人が主力。それに続く捜索部隊として警視庁捜査一課や鑑識課、機動捜査隊三隊、公安部、生活安全部など計五百四十四人がいたほか、警察庁や山梨県警、サリン対策特命チームとして陸上自衛隊化学学校研究所スタッフ、警察病院の医師らも加わり、総勢千百四十五人の大部隊となった。

これとは別に、陸上自衛隊では密かに治安出動準備を進めていた。治安出動は永田町の決定がなければできないが、サリンが大量にまかれたり、機関銃やロケット砲など重火器による攻撃が行われた時は、突入した警官隊が全滅する危険性もあり、準備だけは怠《おこた》るわけにはいかなかったのだ。陸上自衛隊が最も恐れていたのは、戦闘ヘリやラジコンヘリによるサリンの空中散布であった。これに対抗する有効な手段は、最後まで用意し切れていなかったからだ。

それでも警察当局は、オウム側の攻撃に対する戦術をいろいろと立ててはいた。まず、《最も危険性が高いとされたサティアン群には、警視庁が誇る精鋭部隊である第一機動隊のうち、完全密着型の防護服と防毒マスクを身に着け防弾チョッキを装着した一個中隊を真っ先に突入させる。そして、教団のサリン散布に備えて、施設内に入ったらまず信者を見つけて案内させる……》(オウム真理教教団施設強制捜査指揮書)

《銃撃された場合は武装した後続部隊と交代し、波状攻撃をかけるとともに防弾装備車を前面に押し立てて進撃する。重火器などで激しく攻撃を加えてきた時は、近代兵器を搭載した第六機動隊特科中隊を投入して一気に制圧する。機関銃などを連射する信者に対してはスナイパー用ライフル銃を持った狙撃手を配備するほか、教団が所持する旧ソ連製戦闘ヘリ「ミル17」の待機場所やラジコンヘリの保管場所を最優先で押さえ、捜査員を張りつかせて、とにかく飛び立たせないようにする……》（同前）

などの作戦を立てていた。

警察当局は陸上自衛隊の力を借りず、すべて自分たちの手でやるつもりだったのだ。

捜索目的は指名手配中の幹部信者らの逮捕、拉致《らち》・監禁された市民や信者らの保護、サリンの原料となる薬品やプラントの押収……など山ほどあったし、警察同士の管轄意識も絡んで難しい問題もあったが、《とにかく犯罪行為を見つけて捜索令状で中に入り、内部の違法行為を発見次第に現行犯逮捕し、犯罪性の高いものは緊急事態として即座に押収する》（同前）というＦＢＩがテロや組織犯罪を摘発する手法を取り入れた捜査方針で積極的に対応した。

ところで不測の事態に怯えていたのは、地元上九一色村の住民や被害対策弁護団の滝本太郎弁護士も同じで、麻原が信者に集団自殺を強要しないか、武器を使って徹底抗戦しないかを現場で監視し続けた。

何しろ強制捜査前夜から当日午前三時頃まで、教団施設から「戦え！真理の戦士たち」の音楽が大音響で流され続けており、この上なく不気味な雰囲気が漂っていたからだ。

居場所が分からず悪戦苦闘

それから二か月近くが経過した五月十六日。麻原の逮捕に向かった際の上九一色村は早朝から雨雲が低く垂れ込め、濃霧が漂っていた。その中を完全武装の機動隊を先頭に大規模な警官隊が一斉に教団施設に突入した。

「何としてでも麻原を早期発見せよ！」

という指示が、直前に開かれた警察庁刑事局と警備局両幹部の合同捜査会議で示された。文字通りの至上命令であった。

同年三月の教団施設への強制捜査を間に挟んで、地下鉄サリン事件や國松孝次・警察庁長官狙撃事件などの重大事件が立て続けに発生したこともあり、オウム追及の主体は警視庁刑事部捜査一課から公安部に、警察庁刑事局から警備局に移されていた。

警察庁刑事局は麻原を発見次第、任意同行を求め、何かの容疑を見つけて身柄を拘束する方針を打ち出し、警備局に身柄の早期確保を要請した。刑事局としては麻原の身柄確保後、殺人予備罪で逮捕して起訴に持ち込み、その後、地下鉄サリン事件の取り調べを徹底的に行うことにしていたのだ。

ところが、肝心の麻原がどこに潜んでいるか分からなかった。

教団周辺や教団シンパのメンバーからは「京都に潜んでいる」とか「石川で目撃された」「やっぱり上九一色村の教団施設だろう」などの情報が乱れ飛び、教団側の捜査攪乱《かくらん》戦術もあって、所在を確認する端緒さえ摑めなかった。

公安部は麻原や家族らが乗るロールスロイスやベンツなどの高級車を徹底的にマークしたが、麻原は姿を現さず、彼が最近お気に入りの愛人や、常に側に付いているボディガード役の信者の動向をチェックするも、麻原の影さえ認められなかった。

当然、上九一色村の各サティアン群に通じる道路はすべて機動隊が封鎖し、検問でチェックを受けなければ外に出ることも中に入ることもできない仕組みになっていた。だが、監視を続ける捜査員が突然、これまで全く見かけなかった信者をサティアン群の中で目撃し、秘密の抜け穴があるのではないかと議論になったこともある。

そのうち、次第に「麻原が第六サティアンにいる」との情報が集まってきた。

まず、既に別の事件で逮捕された教団「厚生省」大臣の遠藤誠一（死刑執行済）が調べに対し、「グル（尊師）は第六サティアンの一階と二階の間にある隠し部屋にいます。末期ガンで死にそうなので、大事に扱って下さい」と供述した。

この供述の信憑《しんぴょう》性が五分五分と見て、捜査員が外から監視を続けていると、当時、麻原の後継者とされていた三女アーチャリーをはじめ教祖の家族たちや、平田信（現・服役囚）らボディガードチーム、最も寵愛を受けていた愛人で少し前まで第二サティアンで麻原と同居していた十七歳の美少女信者スメーダの姿が第六サティアン周辺で目撃された。

また、警察当局が押収した教団資料の中に、教団「自治省」大臣の新實智光（死刑執行済）が三月の強制捜査前に、大臣名で上九一色村の全サティアンに出した《今後は第六サティアンに入ることを禁じる。もし入る必要がある場合は自治省の許可書が必要》という通達書があった。

それでも麻原が第六サティアンにいるかどうかの確信を持てなかった警視庁幹部たちが最終的に突入を決断したのは、麻原の大好物であるメロンが大量に第六サティアンに運び込まれたのを発見したからだ。教団内で高額のメロンをムシャムシャ食べられるのは、教祖しかいなかったのである。

五月十六日午前五時三十五分、機動隊員が固く閉ざされた第六サティアンの鉄扉をエンジンカッターで切り裂き、三百五十人態勢で捜索が始まった。だが、施設内は信者が電気を切ったため真っ暗闇。腐臭や薬品臭が漂う中を懐中電灯の明かりを頼りに進むと、待ち構えていたのは子供を抱いて座っていた教祖夫人の知子だった。

「麻原彰晃はどこにいますか」

「ここにはいません。ここ半年くらい東京にいます」

「そうなると、この施設の至る所を壊すことになりますが、いいですね？」

「どうぞ、結構です。お気の済むまでどうぞ」

そんなやり取りをした知子は全く動揺する様子を見せず、淡々と答えたという。

第六サティアンは鉄骨三階建てで、南北四十三メートル、東西二十三メートルもある。

一階は麻原ファミリーの専用エリアで、教祖の部屋や子供部屋をはじめ家族の居室、サウナ、シャワー室、台所、食料庫、修行室などに分かれているようだった。

だが、すべての部屋に独自に製造された頑丈な南京錠が二重にかけられており、一部屋ずつ扉の蝶番《ちようつがい》をエンジンカッターで切り落として捜索しなければならず、一階の捜索を終えるのに一時間以上かかっていた。

二階は信者が修行する瞑想室や作業場が中心で、大量にモノが置かれていた。三階にはベニヤ板で仕切られた「蜂の巣部屋」と呼ばれる約二畳の小部屋が百二十四室も並んでいた。それらを繋ぐ廊下も迷路と化しており、一部屋ずつ頑丈な鍵が付けられていたため、これまた捜索が難航した。

機動隊は最初に教祖の部屋を調べたが、予想通りもぬけの殻《から》だった。

また、遠藤ら教団幹部の供述などから「麻原が中二階の隠し部屋にいる」との情報を得ていた警察当局は、次に一、二階の境目辺りに多数の機動隊員を投入し、一斉に境目の壁をハンマーで叩き始めた。

ところが、特殊なコンクリートで覆われた厚い壁はビクともせず、なかなか壊れない。やっとぶち抜けるところまで来た時には、二時間近くかかっていた。そして、「最後の一打」とばかり勢い込んでハンマーを振り下ろした機動隊員は、危うく階下へ転落するところだった。壁の向こうには隠し部屋などなく、外界が広がっていたのである。警察当局はまんまと教団の罠《わな》に嵌まっていたのだ。

警視庁本部十七階に置かれた中央総合指揮所で捜索の進展を見守っていた幹部たちは、一様に落胆の表情を隠せなかった。

「まだ見つからないのか。よく捜せ！」

「いないはずはないんだ。徹底的に調べろ」

中央総合指揮所内にイライラしたムードが漂い、指示を出す幹部たちの声が次第にヒステリックになっていった。

捜索開始から四時間近くが経ち、一階から三階まで各部屋の壁や天井をハンマーでぶち抜き、エンジンカッターで切りまくって穴だらけにしたが、それでも見つからない。さすがにタフな機動隊員も疲れ果て、最早捜す所さえなくなっていたため、捜索は一時中断され、その場でしばし休憩を取ることになった。

捜索前日の内偵捜査で、麻原のボディガードチームの面々や愛人スメーダの姿が見えなくなっていることが判明。休憩の場では「麻原は監視の目を潜り抜けて逃亡したのではないか」と〝嫌な予感〟を語り合う捜査員まで現れた。

また、四時間近く捜しても麻原が見つからない事態に苛立ち、「艱難辛苦《かんなんしんく》を耐えた末に吉《き》良《ら》邸に討ち入りながら、なかなか吉良上野介《こうずけのすけ》を発見できない赤穂《あこう》義士の気持ちがよく分かった」とこぼす警察庁幹部もいた。警視庁刑事部長を筆頭に多くの幹部たちも、懐《ふところ》に辞職願を忍ばせての突入指示であったのだ。

隠し部屋に潜んでいた教祖

そんな休憩所の片隅に、一連のオウム事件の発生当初から捜査本部に投入されていた警視庁の所轄署に属する一人の男性巡査長がいた。

この巡査長は先のゴールデンウィークに上九一色村の教団施設の監視・警備任務に就いた際、第六サティアンの二階と三階の間の外壁に、信者がカバーのようなものを取り付けていたのを見つけ、漠然と「空気口のようなものを隠すためではないか」と考えたことを思い出した。そして、ちょうど休憩している場所から見上げると、二階から三階に上がる階段部分の天井に厚さ六十センチほどの出っ張りがあることに気づいた。

そこで上司に相談して調べることになった。脚立に上がって金槌で壁を叩いてみると、「コンコン」と空洞のような音がしたため、現場から報告を受けた中央総合指揮所からも「壊してみろ」と命令が飛んだ。

巡査長が金槌で叩いて壁面に穴を開け、頭の一部を突っ込むと、何やらベニヤ板で仕切られたスペースのような空間が見えた。

「隠し部屋だ！」

と思わず叫び、さらに出っ張りの裏側に張られた板やパネルを一枚ずつ剝がしていく。

やがて、毛のようなものが見え、高さがわずか六十センチほどの狭い空間にうつ伏せに寝そべり、じっと息を潜めている男の頭が見えた。

まず「髪の毛だ！」と叫んだ巡査長は、すぐに「いや、髭です」と言い換えた。

やがて紫色の法衣のような衣服や、赤茶けた皮膚が見えた。

この後、巡査長と交代して脚立を上がった捜査一課の刑事が男に向かって「麻原か」と問い質すと、低い声で「いや、グル（尊師）だ」との返事があった。

「そのグルがこんな所でいったい、何をしていたのか」

刑事がそう問いかけると、小声で「グル」と名乗った男はこう答えた。

「はい。瞑想してました」

「麻原発見！」

という一報は教団施設内や施設の周囲に集まっていた警官隊や地元住民の間に、そしてはるか遠く東京・桜田門の警視庁中央総合指揮所内に瞬く間に駆け巡り、あちこちで大歓声が沸き上がった。

「あなたには、殺人容疑と殺人未遂容疑がかかっている。知っているな」

刑事がそう確かめると、否定するかと思われた麻原は力強い声で、こう答えた。

「承知した！」

そして、刑事の「自分で出られるか」との呼びかけには「出られる」と返事し、大勢の機動隊員が取り囲む中を、紫の法衣にヘッドギア姿でゆっくりと下に降りようとしたが、足がガクガクと震えて降りられず、結局は機動隊員に担ぎ出されるようにして降りた。

その時、麻原は恐縮したのか、肩を貸した機動隊員に「重くて、どうもすみません」と謝罪し、礼を述べたという。

そうしたやり取りをどこかに隠れて見守っていたのか、三女のアーチャリーが駆け寄ってきて、麻原の足に縋《すが》って声を上げて泣きじゃくった。

隠し部屋は二階の階段天井《てんじょう》部分にあり、高さ六十センチ、幅百三センチ、奥行き三百三十五センチとまるで棺桶のような小さな密室であった。壁は内側から外せる仕組みになっていて、床には寝袋やティッシュペーパーが乱雑に散らばっていた。

そこで、逃走資金と見られる九百数十枚の一万円札を詰めた箱を、腹に巻き付けるようにして抱えて腹這いになっており、埃まみれの姿はあまりにぶざまで、いかにも小心者に相応《ふさわ》しい哀れな男にしか見えなかった。

「どこか悪いところはないか」

刑事がそう尋ねると、ショボクレたような小声で「どこもない」と答えている。

ところが、近くの小部屋に移動して椅子に座らされると、麻原は落ちついたのか途端にふてぶてしい態度を見せた。

「動きが鈍重で、カリスマ性のある男にはとても見えなかった」

この日の捜索を現場で指揮し、後に警視庁捜査一課長に就任する同課の管理官は、思わずそう漏らした。さらに、こんな感想を抱いている。

「教祖の自室にある冷蔵庫の中には生肉や鮮魚、めん類などがぎっしりと詰め込まれていた。信者には生き物の殺生《せっしょう》を禁じ、納豆など大豆タンパクを中心とした粗食しか与えず、厳しい修行を強《し》いておきながら、自分はステーキや刺し身、メロンと贅沢三昧《ぜいたくざんまい》の食事を貪《むさぼ》っている。大金を所持していたこともあり、まさに欲望のままに生きている、ただの犯罪者と変わらないじゃないか」

前出の教団幹部、遠藤誠一の言葉を信じた管理官は、捜索に医師と看護師を同行していた。医師が麻原の健康状態をチェックするため触診しようと手を伸ばすと、麻原は血相を変えて怒鳴り出し、手を振り払って拒否した。

「ダメだ。パワーが落ちる」

管理官が「君のためにやっているんだ」と宥《なだ》めても、「止《や》めてくれ。カルマ（業《ごう》）がつくじゃないか」と拒《こば》み続けたが、素早く脈を取った医師が特に健康状態に問題がないことを確認し「大丈夫だ」と宣告すると、その場で逮捕状が読み上げられ、執行された。

因《ちな》みに、遠藤が訴えた「教祖は末期ガン」という話は真っ赤な嘘だった。

九五年五月十六日午前九時四十五分、捜索開始から四時間十分後に麻原彰晃は逮捕された。「ハルマゲドン（世界最終戦争）」を自作自演した男が破滅・崩壊した瞬間だった。

「お前が見つけたんだ。手錠《ワッパ》をかけろ」

そう上司に言われた巡査長は、我が国の犯罪史上類を見ないカルト教団の教祖を逮捕する栄誉を得た。だが、まさかそんな機会があるとは思わなかった巡査長は、自分の手錠を外に停めた警察車両に置いてきたため、近くにいた刑事の手錠を借りたといい、その際に麻原は全く抵抗はしなかった。

この巡査長は後に二階級特進して警部補となっている。

ところで、麻原が逮捕された時、知子夫人ら家族たちは第六サティアン一階にあった長男の部屋に集められ、捜査員から「麻原彰晃を捜すので、ここから動いてはいけない。妨害すれば捕まえる」と警告され、室内に事実上閉じ込められた。麻原が発見された時、三女アーチャリーが監視の目を盗んで駆けつけ、麻原に縋って泣いたことは既に書いたが、三女は自著『止まった時計　麻原彰晃の三女・アーチャリーの手記』（講談社）の中で、その日のことをこう記している。

《私達は父が見つからないことを祈りながら、テレビゲームなどしてボーッと待った。午前十時頃、「麻原を見つけたから靴を出せ」と言ってきたが、家族の反応をみようとした嘘だと思い、「靴なんてないよ。お父さんいないから」と答えた。「裸足のまま連れて行くがいいのか」との脅しに屈した母親がサンダルを用意した。我々は部屋に閉じ込められたまま、見送ることもできなかった……》

だが、警察関係者や三女アーチャリー以外の家族の証言を総合すると、麻原が逮捕された後、警察車両に乗せられて連行される直前、証拠隠滅や口裏合わせを防ぐため捜査員の監視付きでほんの短い時間ではあったが、家族が留め置かれた第六サティアン一階にある長男の部屋で、麻原と家族が〝最後のお別れをする一時〟を設けたという。

三女は自分が麻原に縋って泣きじゃくったことも自著に書いておらず、幼かったゆえの記憶違いか、何か意図することがあったのかは図り知れない。

間一髪！　側近逮捕と名簿入手

逮捕時の麻原の姿が教団の崩壊を予感させるほどぶざまであったとすれば、それに臨んだ警察当局の活動姿勢も決して褒められたものとは言えず、ハラハラし通しの惨状であった。そこには、日本が誇る警察組織の停滞と捜査力の崩壊を感じさせるものがあった。

まず、山梨県上九一色村のオウム教団施設周辺で九四年七月に二度の悪臭騒ぎが起き、地元住民の必死の訴えでようやく同年十一月に現地の土壌鑑定が行われた。その結果、第七サティアン付近からサリンの副生成物であるメチルホスホン酸ジイソプロピルエステルや有機リン系化合物が検出され、オウムがサリンを製造している疑いが濃厚となった。

一方、地下鉄サリン事件の現場でも、残留物からサリン生成過程で発生するメチルホスホン酸が検出されており、土壌鑑定後に直ちに強制捜査に踏み切っていれば、少なくとも地下鉄サリン事件は回避できたと言われても無理のない状態だった。

同年十二月初旬、松本サリン事件から半年経った時、警察庁で長野、山梨、宮崎、神奈川など各県警の捜査幹部が集まり、オウムへの強制捜査について協議した。

神奈川県警の坂本堤弁護士一家失踪（後に殺人・死体遺棄）、山梨県警の看護師監禁、宮崎県警の営利略取などの容疑を検討したが、この時点でどれにも決定的な証拠がなく、大規模な教団施設捜索には決め手を欠くように思われた。それにもし突入時にオウムがサリンをまいたらどう対処すればいいのか、具体的な対策が決まっていなかった。

これらの県警の不手際と警察庁の調整能力欠如で、オウム真理教への捜査が常に後手を踏んでいくのだが、それについては後述する。

それでも警察当局は警視庁を中心に、九五年一月中旬に上九一色村の教団施設に強制捜査に入る予定だったが、一月十七日に阪神・淡路大震災が発生。警察は救援活動に追われて、捜索どころではなくなってしまった。

そうしてもたつく間に、オウム側は警察当局への対応策を十分に検討して準備を開始。そして強制捜査を二日後に控えた三月二十日、地下鉄サリン事件が発生したのだ。

「オウムに先を越されたかも知れない」

警察庁中枢は一様に、そう感じた。

実際、オウムに照準を向けていた警察当局の動きを察知した教団が、無差別テロ事件を決行したのだ。教団側に強制捜査着手日が漏れていたのも衝撃であった。

地下鉄サリン事件の現場でサリンのことをあまり知らされず、いち早く現場に入った警視庁の鑑識係長らが次々と倒れた。その後で、防護服や防毒マスクを装着して密かに訓練を行っていた機動隊員が物々しい姿で現場に到着すると、周囲にいた警察官や救急隊員から「そんな立派な服があるなら、事前に知らせて欲しかった」と非難の声が上がった。

教団側の思惑通りに強制捜査が再び延期される可能性が出てきたことを知った地元山梨県上九一色村の富士ケ嶺《ふじがね》地区オウム真理教対策委員会の竹内精一・元副委員長はこうぼやき、絶望感にうちひしがれた。

「やるべき捜査をやれる時にやっておかぬから、こういうことになるんだ」

前述したように、教団施設からは「戦え!真理の戦士たち」という音楽が聞こえ、各サティアンから麻原のマントラやオウムの説法がいつにも増して大音量で流されていた。地元住民が信者の集団自殺や武器を駆使した徹底抗戦を心配するのも当然であったのだ。

三月二十二日に強制捜査した後も、オウム捜査の最高指揮官である國松孝次・警察庁長官狙撃、教団の闇の部分に精通するナンバー2の村井秀夫幹部刺殺などの事件が続発し、警察当局は事件対応に追いまくられ、後手を踏み続けた。

肝心の強制捜査でも、麻原はもとより大半の教団幹部たちや、サリン生成の重要参考人と言えるマッドサイエンティストたちは、ほぼ全員が逃亡し、姿を消した後であった。

また、サリンとその原材料、サリンを空中散布する兵器としてマークしていた二機のラジコンヘリなども、どこに隠匿されたか発見できずに終わる失態を犯していた。

それだけに麻原逮捕は万全を期して行われるはずだったが、前述したように麻原の所在は把握できておらず、姿を消した教団幹部たちの動向も把握できていなかった。

中でもオウムで最も危険な男とされた教団「諜報省」大臣・井上嘉浩の行方《ゆくえ》を突き止めることが最重要課題とされた。

「教団で報復テロを実行するとしたら、麻原の側近中の側近でこれまでダーティーな仕事を行ってきた井上しかいない。何としても麻原逮捕前に身柄を確保したい」

というのが井上幸彦・警視総監の考えであり、検察当局の「たっての要請」であった。

奮起した捜査当局はここから態勢を立て直し、捜査員も気合を入れ、細心の注意と大胆な行動力をもって捜査に臨んだという。

麻原逮捕の最後のハードルを乗り越えるため、警視庁公安部はゴールデンウィーク頃から十日間、東京都八王子市郊外にある「オウムの秘密アジト」とされるアパート周辺の二か所で監視態勢に入っていた。監視人員は交代要員を含め二十人余、警戒配備車両は常時四台。監視用に超望遠自動撮影ビデオカメラや暗視装置、オウムにも絶対に盗聴されないデジタル式秘密通信装置など最新のハイテク機器が完備されていた。

真っ昼間でもカーテンを閉め切ったままのアパートには時々、長髪の男と若い女性たちが出入りするだけだった。「人物が特定でき次第、身柄を確保せよ」との指示は出ていたが、なかなかメンバーの正体が摑めなかった。

そうして、日が過ぎる中、麻原逮捕二日前の五月十四日、数人の男女がアパートから二台の車に分乗して出発。捜査車両が尾行したが、巧《たく》みにまかれて見失ってしまった。公安幹部は慌てて二百人近い捜査官と四十台の警察車両を投入して一帯を捜索したが、行方は摑めなかった。

だが、翌十五日午後一時頃になって、東京都秋川市（現・あきる野市）のコンビニエンスストア駐車場で手配車両の一台である赤い車を発見。警視庁本部に無線が通じなかったため応援部隊を呼べないまま、山梨方面に動き出した赤い車をたった一台の捜査車両で追跡。約二十分後、国道脇の空き地に停車した赤い車の前方を警察車両で塞《ふさ》ぎ、捜査官二人がドアを押さえて車内の人間を出られなくしたうえで、もう一人が近くのガソリンスタンドまでの約三百メートルを全力疾走し、レジの電話で警視庁本部に通報した。

すぐさま応援部隊が駆けつけ、車内にいた男女は秋川署に任意同行されたが、そのうち茶髪で髭面の男が何と井上嘉浩であった。また、連行された中には、東大大学院で素粒子論を研究し、教団「科学技術省」次官として地下鉄サリン事件にもかかわった豊田亨《とおる》（現・死刑囚）という大物サイエンティストもいた。直ちにアパートを急襲し井上の愛人とされた女性信者ら二人の身柄を確保、偽造運転免許証など多数の証拠を押収した。

警視庁機動隊の先発部隊約五百人は既に上九一色村の教団施設近くで待機しており、井上らが教団施設に向かい捜索を妨害していたら、麻原逮捕がどうなったかは分からない。まさに危機一髪、ラッキーとしか言いようのない井上の逮捕劇であった。

警察当局にとって〝もう一つの幸運〟は、たまたま四月二十七日にＪＲ東京駅構内のコインロッカー前をウロついていた若い女性を巡回中の警察官が職務質問した際に、所持していたカバンの中から教団の主要幹部三百人分の写真入り名簿が見つかったことだった。

このほかオウムに関する重要情報入手例としては、最初の強制捜査があった翌日の三月二十三日早朝、滋賀県安土町（現・近江八幡市）のファミリーレストラン駐車場に停車中の乗用車から見つかったＭＯ（光磁気）ディスクの存在があり、これまたラッキーであった。

巡回中の滋賀県警機動捜査隊が指名手配中の車両を発見。運転していた男に職務質問しようとしたところ、突然、急発進して国道八号を彦根方面に向かって猛スピードで逃走した。そして、緊急配備で集まってきたパトカーとの間で一時間四十分以上もカーチェイスを繰り広げた挙げ句、彦根市内の民家の壁に衝突してようやく停止した。

道交法違反で現行犯逮捕された男は上九一色村の教団施設にいたオウム信者だったが、容貌が目黒公証役場事務長拉致事件で指名手配中の教団幹部、松本剛《たけし》に似ていたうえ、車内にサリンらしきものが置いてあったことから、県の要請を受けた陸上自衛隊第三戦車大隊の装甲車、同第三師団化学防護小隊員を乗せたヘリまで出動する騒ぎとなった。

結局、男は松本ではなかったし、車内からはＭＯディスク以外は見つからなかったが、このＭＯディスクは強制捜査で押収されるのを防ぐため教団幹部の指示で山梨県の教団施設から持ち出された極秘資料で、捜査は一気に進展することになった。

ＭＯディスクには各項目ごとに暗号キーがかけられていて、暗号解読は非常に難航したが、県警と近畿管区情報通信部、ＮＥＣの暗号解読合同チームの手でついに暗号解読に成功した。

そこには何と、オウム真理教の千百十五人分に及ぶ「全サマナ（出家信者）名簿」や、マッドサイエンティスト二百九十七人の名前や個人データを掲載した「真理科学研究所（後の教団「科学技術省」）リスト」、二千五百二十四人の在家信者が把握できる教団機関誌『マハーヤーナ』定期購読者リストなどが入っていたのだ。

それ以外にも、警察の強制捜査時に流す暗号放送内容や麻原の説法記録集といった内部資料、自動小銃やサリン自動噴霧装置、ジェット戦闘機などの設計図、火炎放射器説明図、ロシア・プラズマ兵器解説図、水爆・トリウム爆弾開発製造法といった物騒なデータが多数含まれていた。

また、日立製作所の原子炉用レーザー技術資料や三菱重工業のCOレーザー機密資料、各企業の特許技術データ集など、各企業から密かに収集した膨大な極秘資料も入っており、警察当局から見れば、文字通り「宝の山」であった。

地下鉄サリン事件は防げたか？

ここでもう一つ、近年明らかになった驚くべき事実を報告しよう。

一言で表せば、警察当局の大失態と言える。何と神奈川、長野両県警は地下鉄サリン事件発生より半年以上も前に、オウムとサリンの関係に気づいていたのである。

坂本堤弁護士一家失踪（後に殺人・死体遺棄）事件の捜査に行き詰まっていた神奈川県警は、捜査方針を大きく変更して教団資金の流れを解明しようと、金融などに詳しい捜査員を入れて専従捜査班を編成。教団関係者名義の金融取引を徹底的に調べた結果、九四年八月、化学薬品を輸入・製造・販売しているとされる山梨、静岡両県内の二社に、多額のカネが流れている事実を突き止めた。

さらに捜査を進めると、二社の役員欄にオウム真理教の信者が名を連ね、教団がこの二つのダミー会社を使って、秘密裏にサリンの原材料を買い集めていることが分かった。

また、松本サリン事件三か月前の九四年三月に麻原が行った説法の中で、「サリン」の名前を口にしていたとの情報を入手。その一か月後に発行された教団の機関誌にその説法内容が紹介されていることも確認した。

山梨県上九一色村の第七サティアン周辺で九四年七月頃から度々、異臭騒ぎが起きていることを知った神奈川県警の捜査員は密かに越境捜査を行い、教団施設の張り込みや内偵捜査を続けた結果、教団が自ら製造工場を設け、サリンを製造しているとの確信を得た。

そこで警察庁に報告し、強制捜査に乗り出す構えを見せたが、警察庁からなかなかゴーサインが出なかった。その最大の理由は、松本サリン事件は長野県警が捜査を担当するなど縄張りを調整するのに手間取ったうえ、神奈川県警の管轄圏内には直接、サリンにかかわる事件が起きていなかったことが大きな障害となった。

そして、警察庁が神奈川、長野両県警をはじめ、警視庁などとの広域捜査を検討し、連携や調整を図っているうちに、地下鉄サリン事件が発生してしまったのである。

サリンが製造されていた山梨県上九一色村のオウム真理教第７サティアン

一方、長野県警も松本サリン事件発生から六日後の九四年七月三日には、原因物質をサリンと突き止め、大学の化学系学部で学んだ警察官十人を選抜してプロジェクトチームを編成していた。そして警察庁の科学警察研究所などとも連携して、サリンの生成メカニズムの解明をはじめ、生成に必要な化学薬品の割り出し、流通ルートの洗い出しなど極秘捜査を始めた。

ただ、松本サリン事件を捜査している主流メンバーは当時、第一通報者を疑って調べており、プロジェクトチームの捜査も慎重に進めざるを得なかった。

それでも、サリン主成分の薬品であるメチルホスホン酸ジメチルの購入ルートの捜査から、メチルホスホン酸ジメチル二十五グラム入りのビンを計二十八本も一挙に購入するなどした不審な男の存在が浮上してきた。

男の周辺を捜査すると、住所地が東京・世田谷区にあり、警視庁の協力で調べると、そこは五階建てのビルになっており、オウム真理教の道場やオウム出版などの関連会社、教団関係者の住居などになっていることが分かった。

この時点で、長野県警はオウム真理教について全く知らず、ノーマーク状態であった。

数日後、薬品の購入ルートを洗っていた別の捜査員が静岡県内の化学薬品会社の存在を突き止め、会社周辺を内偵捜査すると、駐車場には山梨ナンバーの車が数多く駐車し、オウム信者と見られる者が多数出入りしていることが判明。同社が教団のダミー会社でサリンの原材料を大量に購入していることを突き止めた。

長野県警は神奈川県警に先立って、警察庁に強制捜査の打診を行ったが、警視庁をはじめ他警察本部との縄張り争いや公安警察との確執から許可されず、こちらも調整に手間取るうちに地下鉄サリン事件が起きてしまったという。

この頃、オウム信者による旅館経営者営利略取事件を捜査していた宮崎県警は、松本市から八百キロ以上離れ全くサリンについての知識や情報を持っていなかったが、旅館経営者事件について書かれた怪文書を入手して調べていたところ、松本サリン事件についても言及していることが判明、サリンに関心を抱くようになった。

そして、後に解放された旅館経営者の周辺を捜査するうちに、教団に硫酸アトロピンなどの化学薬品が多数納入されていることを突き止めた。さらに捜査を進めると、こうした薬品はサリンなど有機リン系毒物に対する解毒剤として使われていることが判明した。宮崎県警は全く独自のルートから、オウムとサリンの関係を突き止めていたのだ。

一方では上九一色村の教団施設を抱え、そこで教団がサリンを製造していたのに何も動けなかった山梨県警。九〇年頃に熊本県波野村（現・阿蘇市）に進出したオウム真理教をいち早く調べていながら、教団武装化の兆候を見落とすなど捜査に後手を踏んだ熊本県警……。これらの県警が警察庁を通して緊密に情報交換していれば、また、警察庁が強力な指導力を発揮して広域捜査に乗り出していれば、地下鉄サリン事件は防げたかも知れないだけに誠に残念でならない。

かくして小さな失敗を続け、それらが積み重なって地下鉄サリン事件や警察庁長官狙撃事件、村井秀夫暗刺事件という大失態に繋げてしまった警察当局は、麻原を無事逮捕したことで何とか面目を保ったものの、まさに治安維持や事件捜査の組織としては崩壊寸前であったと言わざるを得ないだろう。

二〇一八年現在、オウム真理教の後継を名乗る団体が一千六百五十人ほどの信者数とはいえ、今なお麻原彰晃の肖像画や書物を掲げて活動を続けているという事実が存在する。

地下鉄サリン事件から二十年以上が経ち、オウム事件のことを直接知らない若者も増えている。そうした中で今、オウムの教義が密かに複数の大学構内に浸透しつつある実態を見逃してはいけない。

麻原をはじめ元教団幹部を処刑することで一連のオウム事件は本当に区切りが付いたと言えるのだろうか。現実は、オウムの深い闇は依然残されたままであり、我々は決して過去のものにしてはならないのだ。

そこで件の老詐欺師をはじめ教団を陰で支えたメンバーの話を聞き、オウム真理教と麻原彰晃の原点を辿りながら、未だに消滅しないカルト教団の謎に迫ってみたい。

第2章

降臨

地下鉄サリン事件。築地駅から地上に運び出され、救急車などに収容される乗客（東京都・中央区 1995年03月20日）
Ⓒ毎日新聞社／時事通信フォト

教祖の三人のブレーン

大した志も持たずに上京した松本智津夫はある日、突然、宗教団体を主宰する麻原彰晃に変身した。その信じられないような変化はまさに、智津夫の身に麻原彰晃なる魔物が降臨したとしか思えないものであった。

「麻原彰晃が自分の前世をイエス・キリストはじめ数々の偉人たちだとするのは、何より強い劣等感の表れや。自らを最高の存在にせんと安心できんのやないか。目の（悪い）せいで世の人々から肉体的には認められず、有名大学を受験せんから知的にも認知されない。結婚や事業もパッとせず、社会的な評価も極めて低い。そうした長年（半生）にわたってもたらされたトラウマによる痛みとか屈辱、憤りが麻原の、即ちオウムの原点なんや」

そう語るのは、知能犯罪者仲間から「神爺」と呼ばれる七十代の老詐欺師だ。

何しろ、盛んに「ワシは麻原に、人を騙すテクニックを徹底的に仕込んできたんや」と周囲に自慢していたぐらいだから、その麻原評が的を射ていたことは間違いあるまい。

実は、この老詐欺師と、麻原が阿含宗《あごん》にいた時から行動をともにしてきた古参信者の通称

「長老」、さらに「オウム神仙の会」の元会員で、かつて都内のインド系宗教団体に属し出家生活も経験したことがあるという通称「坊さん」の三人が、麻原とともにオウム真理教の基礎を築いたと言っても過言ではない。

「神爺」が人々を騙して信者に誘い教祖を崇拝させる「人誑《たぶら》かし」術を麻原に伝授したとすれば、「長老」と「坊さん」は麻原と協議して、教団の組織編成や運営システム確立から教義制定、修行体系設定まで行った優秀な参謀役であった。

彼らは教団草創期の「三本柱」とされるブレーンだったが、その存在は麻原周辺のごく一部の者しか知らず、その人々も三人の詳しい役割までは知らされていなかった。

因みに、三人のブレーンのうち、「坊さん」は教団が「オウム真理教」と改称する三か月前に脱会して一般人となり、一部の信者と交流を持った時期もあったが、一連の事件はもとより教団の武装化とは無関係と言っていい。そのため一九九七年六月十九日には、岡崎一明被告（現・死刑囚）の裁判に弁護側の情状証人として出廷して証言するなど、ごく少ない機会に姿を現しているだけである。

それに対し、「神爺」と「長老」は一連の事件や教団武装化などに直接かかわっていないものの、どの段階まで麻原と一緒だったのかは定かではなく、教団への強制捜査後も長らく消息不明であった。

だが、私はこのほど、彼らが兵庫県と京都府で生存していることを突き止め、直接会って話を聞いた。表舞台に初めて登場するキーパーソンである。

「ワシは詐欺師やから、(麻原に) 教えられるのはカネ儲けのノウハウだけや。麻原が捕まった怪しげな漢方薬や自然食品の売り方を教えたのもワシや。『コンピューター導入の漢方薬』といったよく分からんキャッチフレーズや、いい加減なでっち上げ体験談を地元情報紙に載せとるうちは良かったんやが、あまりにうまく稼げたもんやから、ヤツはカネに目が眩《くら》み、蛇の皮を酢酸に漬けたものを都心の高級ホテルで五、六万円で大々的に売って、アシが付いてもうたんや(注・八二年七月に薬事法違反で逮捕された)」

「神爺」は苦笑いを浮かべながらそう語り、さらにこう続ける。

「七三年に『ノストラダムスの大予言』が大ベストセラーになり、七四年はユリ・ゲラーブームが起きるなど、当時はサブカルチャーや神秘モノ真っ盛りやった。それを見て直観的に新興宗教、それもカルト教団が儲かると思うた。麻原は顔に似ず弁舌は爽やかだし、妙に説得力がある。目が不自由なところも、相手に同情心を起こさせ感激を増幅させる利点となる。精神修行を重視する面々には、ヨーガ (ヨガをオウムでは「ヨーガ」と呼ぶ。以下、ヨーガとする）やカルトはぴったしやしな……」

ところが、実のところ、新興宗教が儲かると麻原に勧めたのは、前述した大分県別府市に拠点を置く暴力団の総長で、「神爺」はその指示で接近したと言ってよく、実際は直観などではなく、確信犯であったと言えるだろう。

「神爺」がいかなる経歴の持ち主で、総長から具体的にどのような指示を受けたのかは、「神爺」自身が口を開かないため明らかではない。

ただ、上京する前の麻原（というより智津夫青年）の面倒を見た総長は、自分の進路について悩んでいた麻原から盛んに「将来、何をしたらいいか」と相談を受けていたフシが窺われ、「神爺」は総長から「（麻原が）一人前の男として成功するように、力を貸してやってくれ」と言われていたらしい。

そのことを裏付ける一人の人物がいる。

東京都世田谷区で不動産会社や顧問業などを手広く営むN氏だ。

薬事法違反で逮捕され、すべてを失った松本智津夫が四か月後の八二年十一月、千葉県船橋市から二時間近くかけて交通機関を乗り継いで訪ねた相手である。

N氏は当時、次々と馬券を的中させて十数億円を稼いだ男として話題を集め、そのカネで設立した多数の会社経営に成功していた。その会社グループの幹部候補生募集を知り、採用試験を受けて失敗した智津夫だったが、その後、N氏宅まで押しかけ、勝手に上がり込んで飲み食いした挙げ句、人生相談から借金の申し込みまでしたという。

智津夫は最初、政治家志望を口にしていたが、N氏から「カネも力もないから無理だ」と言われる。

「カネがなくてもできるのは宗教家だ。悩みがあったり行き詰まった人間が集まってくるから、そいつらを釣り上げればいい。君のような男は弱いものを相手にした方がいい」

N氏が諭《さと》すと、智津夫は待ってましたとばかりに目を輝かせ、こう言い放ったという。

「宗教は、クモの巣を張っておけばいいんですよね。そうしたら、自然に引っかかってくる。あとは弱るのを待てばいいだけなんですよね」

この時、智津夫はN氏が主宰する宗教団体の名前を出し、「弟子にして下さい」と懇願した。そして、押しかけ弟子となって半年を経ずして、厚かましくも「ナンバー2の副教祖にして下さい。お布施などカネのことはすべて私がやるので、先生は左団扇《ひだりうちわ》でいればいい」などと言い出した。N氏が智津夫の心得違いを叱りつけると大声で泣き出したため、「宗教をやるんなら、自分でやれ」と言って追い出した。

それでもN氏は彼に「麻原彰晃」の名を付けてやり、最後の餞《はなむけ》としてアドルフ・ヒトラーがいかにしてナチスの勢力を拡大させたかを教えた。そして、もっと詭弁《きべん》の話術を身につけるように助言した。

「私は矛盾の中で生まれ、矛盾の中で育ってきた男です。私はこれからも、矛盾という雪の上を矛盾という橇《そり》で滑っていくしかないと思っています。私はどうなってもいい。間違っているかも知れないが、それでもいいのです」

松本智津夫改め麻原彰晃は、そんな気の利《き》いたことを言って飛び出した。それがオウム誕生の第一歩になったと言えるが、N氏は少し違った印象を受けたとして、こう語る。

「麻原は最初から宗教をやりたくて私の所に来たと思う。大分の暴力団総長の名前をチラつかせていたし、カネ儲けに興味はあっても会社の経営には無関心だった。何せ面接を受けに来た時ソロバンを持っていたぐらいだからね」

N氏の元を去って数か月後の八三年夏に、麻原は東京・渋谷にある2DKのマンションに「鳳凰慶林館」という名前の学習塾を開いた。

この学習塾はまだ開設していないのに、《君の成績がグングン伸びる‼　驚異の能力開発法》とか、《着実な成果　東大合格》などとお得意の誇大広告を掲げ、受講生を募った。が、その指導内容たるや、《サイコロジー、カイロプラクティック理論、東洋医学理論、ヨーガ理論、仙道理論、漢方理論を応用した食療法を統合した能力開発指導を行う》というもので、学習塾というよりはまるで修行道場であった。

そして、翌八四年二月にはそれを「オウムの会」と名乗るヨーガ教室に衣替えした。さらに同年五月には、長兄から三百万円を借りて「株式会社オウム」を設立している。

N氏の元には八三年四月に一度、三女が生まれたことを報告に訪れたが、学習塾を設立した時は「先生、渋谷に宗教団体を作りました」と電話をかけてきただけだった。

一時は恩師として慕っていたN氏であっても、麻原にすれば既に用済みの人間に過ぎなかったのかも知れない。

また、このヨーガ教室には八四年四月に山本まゆみ、五月に飯田エリ子、七月には石井久子といった、後に教団の女性幹部になる面々が入り、受講生というより信者の卵の獲得に大いに力を発揮した。

そうした実態をおくびにも出さず、「直観で宗教が儲かると思うた」などと目の前で平然と嘘を並べる「神爺」。彼はさらにこう言って、真剣に問いかける私を煙《けむ》に巻いた。

「麻原に詐欺師の素質があったことは間違いない。それにヤツは女を蕩《とろ》けさす指先の魔術師やった。何せ鍼灸やマッサージで鍛え上げ、ツボと癒し方を心得とるからな」

「目に見える超能力」の明暗

麻原に宗教団体を組織させるに当たって、「神爺」が真っ先に考えたのは、教祖の権威付けである。

そのために彼が麻原とともに、まず編み出したのは目に見える超能力としての「空中浮揚」であった。

教団側のもっともらしい触れ込みでは、結跏趺坐を組んだ格好から四十～五十センチも上空に跳び上がり、途中で数秒間以上浮いたまま静止する一種の超能力だというが、もともと膝の力を精一杯使ったジャンプや、ウサギ跳びを派手にした程度の跳躍と紙一重の代物《しろもの》で、いかにも胡散臭《うさんくさ》いものと思えた。

それが、若者たちを中心に多くの人々に信じられ支持を集めたのは、「神爺」が述べたように、一九七〇年代半ばから世はサブカルチャーや神秘モノが流行《はや》り、超能力ブームが起きていたことが大きい。それを見逃す麻原や「神爺」ではなかった。彼らはマスコミを巧みに利用して、瞬く間に注目を集めた。

当時、国内で全盛期を迎えていたオカルトブームの二枚看板と言われた雑誌が『ムー』（学研）と『トワイライトゾーン』（ワールドフォトプレス）だった。それらの八五年十月号に、麻原が「空中浮揚」する姿が写真入りで大々的に取り上げられたことが、人気が沸騰する起爆剤となった。

正確に言えば、『トワイライトゾーン』こそが、「空中浮揚」が商業雑誌に登場した第一号で、麻原側が用意した「空中浮揚」の連続写真が掲載されたのだ。また、同誌の連載企画「編集部の不思議体験レポート」に《最終的な理想国を築くために　神を目指す超能力者》と題した六ページの記事が載り、その後、数年にわたり毎号のように麻原の記事が掲載されるようになった。

雑誌の編集にかかわったという元出版関係者は、こう打ち明ける。

「これは、いろいろな雑誌でよく見られる『特集企画』と題した広告関連記事なんです。麻原は当時、毎号のようにカラー二ページ、モノクロ一ページの広告を出し、多い時は一号で百万円近い広告費を支払っていたと思います。言わばお得意様だったわけです」

即ち、麻原関連の記事はすべて広告絡みの記事だった、というのである。

一方、『ムー』の場合も読者投稿ページに麻原側が用意した「空中浮揚」写真が掲載されたのがきっかけで、ヨーガの行法に関する原稿が載るようになったという。

この「空中浮揚」については大手出版社系週刊誌の記者とカメラマンが八五年九月、取材と写真撮影を試みた。黒いビキニパンツ一枚だけを身に着けた姿で現れた体重七十キロ弱の麻原は、確かに足を組んだ格好から跳び上がったものの、一秒とは浮いていられず、いかに贔屓目《ひいきめ》に見ても膝の力を使ったジャンプとしか見えなかった。

カメラマンは下の方から撮影して、何とか四十センチほど跳び上がったように写した。また、麻原も立て続けに跳んでみせたが、ウサギ跳びに毛の生えたようなものだった。

「おかしい、以前は一秒近く浮かんでいたんだけど……皆さんはどう思いますか」

麻原は盛んに首を傾《かし》げながら、周囲にいた信者たちにそう尋ねた。

信者たちは「凄いです。落ちる時に全く音がしなかったです」と称賛したが、そのやり取りを聞いた記者は一瞬、詐欺ではないかと疑ったという。師匠のことを否定できるはずのない弟子に問いかける姿に、胡散臭さを感じたからだ。

記者もカメラマンも、そして出版社もそうした疑問を徹底的に追及すれば良かったのだが、結局、翌八六年二月発売の雑誌に、見開き二ページで記事と写真が掲載された。一度だけとはいえ、この教団外のカメラマンによって撮影された「空中浮揚」の写真が一般週刊誌に掲載された意味と影響は大きかった。少なくとも、信者と信者予備軍の若者たちには長い間、伝説として語り継がれていったのである。

初期の教団に入った女性信者の一人で、後に麻原に寵愛され「教団の女帝」と呼ばれた石井久子・教団「大蔵省」大臣も強く影響を受けた一人だ。もともと麻原の直観力や透視能力に感動し驚嘆していたが、後に「数回、『空中浮揚』を目の当《ま》たりにし、空中に数秒間止まっていたのを確認しました。凄い人だと思いました」と供述している。

坂本堤弁護士一家殺害事件などで死刑が確定した岡﨑一明死刑囚も雑誌の「空中浮揚」写真を見て、麻原が偉大な宗教者であるとのイメージを抱いたという。自分は一度も「空中浮揚」する姿を見たことがないのに、女性信者の話を鵜呑《うの》みにして超能力を信じてしまったのだ。

岡﨑よりやや遅い八六年二月に入信し、岡﨑の裁判に弁護側証人として出廷したこともある「坊さん」も、雑誌に載った「空中浮揚」の写真を見て麻原に興味を抱き、超能力を持った人だと考えて入信した一人である。

ただ、「坊さん」は教団組織や修行体系作りに携《たずさ》わるなどオウムの裏面を見過ぎたこともあり、麻原の最終解脱宣言の嘘を見抜いて嫌気が差し、わずか一年二か月後の八七年四月、教団が「オウム真理教」と名乗る前に脱会している。

また、麻原自身も醜態を晒《さら》すことを恐れたか、雑誌に写真が掲載されて以降、決して人前で「空中浮揚」することはしなかった。

ボロ隠しの最終解脱と伝説

麻原と「神爺」による教祖の権威付け策第二弾は、麻原の最終解脱宣言と「グル（霊的指導者）伝説」の確立と普及であった。

一九八四年二月にヨーガ教室を「オウム神仙の会」に改称した麻原は、本格的に宗教活動に乗り出した。最初は六人の女性信者しかいなかった団体も、この頃から早川紀代秀・教団「建設省」大臣（死刑執行済）や新實智光・同「自治省」大臣（同）、前出の岡﨑ら後の主要メンバーが次々と入り、一年後には五十人余の信者が集まるようになっていた。

麻原は同年五月、数人の信者と念願のインドに行き、ニューデリーを中心にヨーガ道場を回って、最終的にヒマラヤで長年修行を積んだという聖者パイロット・ババの指導を受けた。

麻原はババをグル（この場合は師匠の意味）と仰ぎ、修行を重ねた結果、ババから「シッダルータ（釈迦牟尼《しやかむに》＝仏陀）という名前を上げよう」と祝福されたと語っているが、同行した元信者によれば、これらはすべて嘘で勝手に作り上げた話だという。

「麻原がババに会ったのは事実ですが、わずか一時間ほどで名前をもらうどころか、ろくに話をしていません。手相を観てもらい、感激していただけですよ」（元信者）

もっとも、何事も大言壮語に結びつけるのが麻原彰晃である。

二か月後に知子夫人と再びインドに行き、ババが修行したというヒマラヤ山脈の麓《ふもと》・ガンゴトリを訪問。そこで瞑想に入り、その姿を知子夫人に何枚も写真に撮らせた。そしていかにも満足そうに微笑みながら、麻原はこう叫んだという。

「ついに私は、『最終解脱』したぞ！」

この「最終解脱」という言葉は、後に「空中浮揚」とともに多くの信者や信者予備軍の若者たちの心を摑むキーワードとなったが、インドでの瞑想修行の状況などから麻原が「最終解脱」などしていないことは明らかであり、その嘘が信者たちにすぐバレるアクシデントが何回も起こっている。

例えば、麻原は弟子たちから「最終解脱とはどんなものか」とか「解脱後はどんな世界が見えてくるのか」と質問攻めにされ、初めは何とか答えようとしていたが、やがて行き詰まってしまった。困り果てた麻原は、近くにいた石井の方を振り返って、こう言った。

「なぁ、俺、確かに『最終解脱』したよなぁ」

これには、今まで麻原を崇拝してきた古手の弟子たちも、さすがに白けてしまい、全員が黙り込んでしまったという。

理論武装が間に合わず、少々の詭弁では御し切れなかったという典型例である。

このほか、弟子たちと談笑していた麻原がつい、「なかなか解脱できない。どうしたらいいんだ」と口を滑らせてしまう場面が見られたり、弟子たちへの説法に向かう途中で、急に「私は今、解脱した。皆も努力すれば解脱できる」と言い出し、周囲の信者たちを呆《あき》れさせたこともあった。

前述したように、麻原と一緒に教団の礎《いしずえ》を築いた側近の「坊さん」ら教団草創期の信者の中には、麻原の「最終解脱」に疑いを抱いて脱会した者が少なくなかった。

「神爺」がいくら巧みに計略を巡らせ、麻原に対して懇切丁寧に説明したり演技指導しても、知識は得ても信仰心がなく、少年時代から親の愛に恵まれず、ひねくれて自由奔放に生きてきた麻原では、どうしても根本的なところでボロが出てしまう。

そもそも、そんないい加減な麻原を偉大な宗教者に祭り上げて、神格化すること自体に無理があった。

そこで「神爺」がブレーンたちと一緒に考え出したのが、「グル伝説」の構築だった。つまりグルと麻原の存在を分離し、人々を正しく導く素晴らしい存在とされるグルを目指し、麻原は瞑想を続け、皆より一歩先んじて修行を積み、ついに解脱した。最早、グルに相応《ふさわ》しい宗教者は麻原しかいない――という論法を立てたのだ。

これなら麻原の言動に少々ボロが出ても、自分は未だ修行中の身であり、信者とともに解脱を目指して頑張ろう――などとごまかすことができると考えた。

そこにはさらに、信者たちを納得させ、麻原を崇拝し修行にのめり込ませるもう一つの策略が隠されていた。

それは、麻原の口から弟子たちに対して、「自分とお前（弟子）たちは輪廻転生《りんねてんせい》を繰り返す前に深い縁があった」と語らせたことである。

麻原は説法の中で、自分の前世について神や仏とか、徳川家康、中国・明《みん》の開祖・朱元《しゅげん》障《しょう》など歴史上の偉人や、それらの偉業を手助けした人だったと語っており、その麻原と縁が深い弟子たちも「選ばれし者たちである」などと言って、彼らの自尊心を大いにくすぐっていたわけだ。

お調子者の麻原はそこでも、愛人の石井久子を「前生《ぜんしょう》では麻原の母だった」と言ったり、麻原をやみくもに信じるだけの古参の信者を「前生は神である」と持ち上げてみせた。

大手ゼネコンに勤務するなど社会的経験が豊富で、麻原より六歳も年上の早川紀代秀でさえ、自分の前生が菩薩とか麻原の弟だったと聞かされて感動している。

「麻原が阿修羅界（オウム真理教では人間界の一つ上で天界の一つ下とされる）に転生した時、母親のケイマ（石井）が間男して麻原ら子供たちを置き去りにして逃げた。やがて麻原は阿修羅王となり、弟（早川）は真面目で忠実な副王になった。そこに仕えたのがマンジュシュリー（村井秀夫）だ」とか、「上祐史浩《じょうゆうふみひろ》は阿修羅王の子で、麻原が阿修羅王を破った後、その子を引き取って育てた」という荒唐無稽《こうとうむけい》な前生譚《たん》を語ったこともある。

どれも思いつきに近く、話の流れも整合性もあったものではないが、すべての共通点として「神爺」が留意していたのが《麻原と弟子たちは前生の因縁で結ばれており、麻原が前生で救済活動をしていた時から一緒に行動していた。その縁で麻原によって引き上げられた弟子たちは麻原＝グルがいなければ解脱できず、グルがいなければ修行する意味がない》というストーリーである。

しかも、麻原と「神爺」はそこに、《グルと弟子の繋がりはグルから切ることはできるが、弟子からは切れない》という関係性を持ち込んだため、それがグルへの絶対服従を誓い、服従に無上の喜びを感じることに繋がっていったわけだ。

彼らは修行はもとより、バクティ（奉仕活動。後にワークと呼ばれる）をグルの意志を実践するものとして何の疑念も持たず、逆に非常に意味のある行為として嬉々として実行した。そして、それが拡大解釈されて一連の事件に発展していくことに繋がったのだから恐ろしい。

弟子たちがグルの教えを真面目に実践するほど、グルの存在が心の中で醸成されて純化し、ますます帰依《きえ》しなければと思うようになる。逆にグルを裏切ることは仏陀を裏切ることであり、「無間《むげん》地獄に堕《お》ちるか、それ以上に恐ろしいことになる」と言われた。

その偉大なグルが人々を解脱・悟りに導き、この世にユートピアを作ることを目指しているというから、通常の感覚なら呆れるが、信者は崇拝の念を高める一方だった。

麻原はただ、弟子たちが期待するグルを演じればいいだけだった。

この頃、早川は先輩信者が「探してきたグルをやっと見つけた。教祖はオウムを呪詛《じゅそ》する者に対し、怨を受ければ怨を返すものだが相手が苦しむから返さず、カルマ（業）をなくそうとされた。そんな素晴らしいグルは仏陀、釈迦牟尼の生まれ変わりであり、後にマイトレーヤ如来（弥勒《みろく》菩薩）になる方だ」と興奮して語っていた姿を覚えている。

現代の管理社会下にあって社会の閉塞感に苦しんできた若者たちは、それを超越したものに帰依することで心の葛藤の解消を図り、舞い上がっていくものだ。

信者の多くは「解脱・悟りを得たい」というのが目的だったが、麻原はそんな彼らに、最終解脱者である自分の言う通りに修行すれば、短期間で「解脱・悟り」に到達できると説いた。そうした境地に至るには本来、長い間修行を積まないと無理だと考えられているものだが、麻原は自分とともに修行すれば短期間で得られると強調した。

弟子たちは〝グルと縁深き選ばれし者〟であるがゆえに、自分たちだけが目に見えない神秘的な世界に気づき、世の人々を救済することができるといった優越感や高揚感で舞い上がっていったのだ。

こうして説かれると、確かに気分が良くなり、その気になってくるように思えるが、だからと言って誰もが簡単に信じ込むほどお人好しばかりが揃っているとは思えないし、オウム真理教はむしろ疑り深い人間の集合体と言った方が正しいだろう。

高学歴ゆえ多数の宗教・哲学書を読み、幾つかの宗教団体を渡り歩くなど疑り深い信者たちを理屈抜きで納得させるために重要だったのは、目に見える形での肉体的な反応だった。

「空中浮揚」も一つだが、何より自分たちの身に起きた数々の現象が決め手だった。

それを「解脱・悟りを得る第一歩」として教えられ、それを感じた際には「解脱・悟りを得られる素質・素養がある」と説明されれば、信仰を求めている者であれば誰もがまず驚愕し、興奮し、有頂天になり、既に一段高いステージに上った気になって、グルにどこまでも従い、何でもしようという気になってくるというわけだ。

その肉体的反応とは、信者たちが一心不乱に修行する最中に突然、下腹部辺りに現れた熱いほとばしりが体内を通って頭頂部に突き抜けるように感じたとか、暗闇の中で白銀の如く輝く光が見えたといった類《たぐい》のものだ。

オウム信者の修行シーンを撮った画像をテレビ番組などで見た方は記憶に残っていると思うが、足を組み瞑想している信者が奇声を発してピョンピョンと跳び上がったりしていたのもその一種である。

理論的には説明しにくいものだが、精神を集中して何日間も修行を続けていると、妙に直観力が冴えてきて見えない光や影が見え、聞こえない音が聞こえるようになったり、現実と夢・幻の境界がおぼつかなくなることがあるという。それを「性の絶頂で得られる恍惚《こうこつ》感や射精感のようなもの」と表現する者もいたほどだ。

教団は当初、それを「神秘体験」と呼んでいたが、後に「クンダリニーの覚醒」と説明している。麻原が八六年十二月に出版した著書『生死を超える』（オウム）では、それを《霊的エネルギーで、人間の精神を高い次元へ押し上げる働きを持っている》と記していた。

麻原は説法で、そのエネルギーはすべての人が持っているが日頃は眠っているため、解脱を目指すにはそれを目覚めさせる修行をしなければならない、と説いている。

前出の石井は後に、「教祖がヒマラヤで最終解脱した時、『エネルギーが爆発し、眉間《みけん》から頭頂を突き抜けた。大勢の神々や仏が現れて最終解脱を祝福してくれた』と言っていたが、私たちもほんの少しだけ感じられたのかなと思った」と語っている。

わずかに神秘体験らしきものを体験しただけで、相手を絶対的な超能力者と錯覚し、すべての言動に深い意味があると思い込む。理解不能な出来事は自分たちを超越した神秘現象と考え、こうあって欲しいという期待感を相手に投影して勝手にイメージを作り上げていく。

そうした疑り深い反面、心中では信じたがっている連中を騙すのは、詐欺師であれば簡単だ。

「定宿《じょうやど》と称する高級ホテルの部屋で偽りの商談を行えば、相手は百パーセント騙される。右目に一・〇近い視力がある麻原が全く目が不自由であるように装えば、信者は『尊師は超能力で何でも見える』と感動する。一度信じたら、後は簡単なトリックにまんまと引っかかるんや。詐欺は仕掛けを作るまでに一工夫必要なんやが、カモがネギ背負《しょ》って集まってくる宗教団体は、我々詐欺師には美味《おい》し過ぎる商売やで」

簡単なトリックで次々と騙される信者に呆れたように、「神爺」はそう語る。

「この段階で終わっていれば、口の巧《うま》い小心な詐欺師で済んでいたんだが……」

そう語るのは、オウム事件の捜査にかかわった警視庁幹部。こう続ける。

「あれだけ酷《ひど》い事件を起こした今となっては、何を言っても弁明にもならないが、麻原はしょせん小物の詐欺師。本人の欲深さと周囲の悪党どもの悪知恵、そして、もっと悪い闇社会の連中に担がれて調子に乗り、思いがけず大事《おおごと》に発展したんだ」

小心な詐欺師を悪の権化《ごんげ》に押し上げた面々の話は後述するとして、今しばらく麻原が教団を設立して悪の道に踏み出すまでの化身ぶりを綴っていこう。

因みに、化身とは神というよりも、あの世の魑魅魍魎《ちみもうりょう》の化けた姿を指す。

ダライ・ラマを徹底利用

「神爺」が行った教祖権威付けの仕上げは、チベット仏教の法王ダライ・ラマ十四世ら各界要人との面談をPRすることによる教祖の神格化であった。

「ワシら参謀役は必死になって教義やら、修行内容やら、組織編成やらを考えておったんやが、何しろオウムには歴史がないし、教団設立のきっかけとなるような逸話もなければ社会的背景もない。思いつきで決まったような教団の設立や活動の意義などを、さも意味があり英知を結集したかのように見せるためには、もう一工夫も二工夫も必要やった。そこで考えたのは外国の高僧や知識人らに接近し、彼らから高い評価を受けたと偽って麻原の価値を高めようという〝他人の褌《ふんどし》で相撲《すもう》を取る作戦〟やったんや」

「神爺」は当時を振り返って、そう明かす。

何をやっても我が指導者は凄いと自慢し、悟りを開いたとか予見・判断力に優れているので何でもお見通しと噂したり、世界中の素晴らしい人々と歓談して称賛を受けたり……といったPR方法は、ほかの宗教団体や政治結社などでもよく見られる。

そうした団体トップの執務室には、政治家や著名人とのツーショット写真や、何かのイベントで写したと見られる記念写真が飾ってあるのを見たことがあるだろう。それらが「他人の……」の何よりの証拠と言える。

ただ、麻原の場合、最初は尊敬し大事に扱った相手を時間が経つにつれて批判し始め、最後は必ず声高《こわだか》に「自分の方が上だ」と強調するところが、他の例にはない顕著な特色である。散々利用した相手をこき下ろす点に麻原の狂気と欲深さが見て取れる。

「ワシらの世界に『一番の大物は誰だ』という有名な逸話がある。各界の偉い人たちが大物ぶりを誇示するため、誰と会ったとかどこを支配したなどと自慢し合うのだが、その中に常勝男がいた。彼が言うセリフはいつも、たった一言で『そういうお前（相手）をワシは食った』であった、という話や。麻原が最後に『俺の方が素晴らしい』と言うのは、教団のアピールもあるが、この『ワシは食った』精神、負けず嫌いの性格の表れなんや」

そう言って、「神爺」は苦笑いする。

現に一九八八年八月に教団の富士山総本部道場が完成した時、最もオウム真理教に似ている宗派とされたチベット仏教カギュー派のカール・リンポチェ総帥《そうすい》を式典に招いた。その際、麻原の前生のグルであるとの紹介だったのに、途中からリンポチェの言うステージは水、土、金剛の三つだけで、それ以上のステージを持つオウムの方が上だと言い始めたほどだ。

麻原は八七年から九二年にかけて五回、チベット仏教の法王ダライ・ラマ十四世への拝謁を求めてインドを訪問している。

その都度、首都ニューデリーから北へ五百キロ以上離れたダラムサラを訪れており、いくら何かの下心があったにしても、その熱心さにはほとほと感心するしかない。麻原は予《あらかじ》め都内にあったダライ・ラマ法王日本代表部を訪ねて、チベット仏教の高僧に教えを請いたいと頼み、法王への紹介状を書くように要請している。

この時、いきなりダライ・ラマへの謁見を要請していたら、おそらく法王に会うことはかなわなかったであろう。ここは「神爺」の悪知恵と経験則が働いて、真摯に仏教を学ぶ修行者を装ってダラムサラ訪問と法王謁見にこぎ着けるのだが、ここでも麻原の理論武装の遅れとお調子者的性格が災いし、危うく法王との会見が流れるところであった。

ダラムサラで最初、チベット仏教の高僧と学者に会った麻原はつい、「この方々は素晴らしい知識人かも知れませんが、私の経験したことに答えることができません」といつもの高飛車な口調で言い放ってしまったのだ。

案内役を務めていたダラムサラの宗教・文化省のカルマ・ゲーリック副長官は、高僧の一人から耳元で「この人（麻原）は自分を高いレベルにあると信じ込んでいるようです。こういう修行者はうまく指導していかないと問題を起こしかねない」と囁《ささや》かれ、法王謁見に対して危機感を抱いたのである。

後に麻原擁護派となるゲーリックだが、この時は麻原自身から「私は仏陀、釈迦牟尼の次の段階に来ている」などと大口を叩かれ、さすがに呆れ返っていた。チベットに来る瞑想者たちは、自分が客観的にどんなに高いステージにいると考えられても、それを自分から口にすることは決してしない。自慢や奢《おご》りを抑えることが修行だからだ。

ゲーリックは後に「麻原は修行者としては失格で、まだまだ道は遠いと感じました」と印象を語っており、第一印象はあまり良くなかったようである。

宗教・文化省内でも当然、法王との会見を認めるか否かについて相当に厳しい議論が行われたようだが、結局、会見は実現し、法王の配慮もあって四十分余りに及んだ。

その時の様子をゲーリックは、こう明かす。

「そうは言っても会話はほとんどなく、私が麻原について説明し、彼の質問事項をお伝えし、それに法王様がお答えになっただけです。その間、麻原は法王様の足元に跪《ひざまず》き、額を法王様の足につけて聞いていただけです」

麻原からすれば、ダライ・ラマ十四世に会い、直接声をかけられたということが重要であって、話の内容などはどうでも良かった。そして、彼が心中密かに切望していたというダライ・ラマ法王と並んでの写真を撮ったことで、ダラムサラを訪ねた目的は十分に果たしたと言って良かったのである。

もっともこの会見は、チベットの人々が一九五九年に中国の侵略を受けて祖国を追われ、ダライ・ラマ法王を頭《かしら》に戴いてダラムサラに亡命政権を樹立したという不幸な歴史をゲーリックから聞かされた麻原が、その場で「亡命政権のために使って下さい」と所持していた数千ルピー（一万円相当）を寄付したことが功を奏したとも考えられる。

これは貧乏旅行中のなけなしのカネであり、後に思惑付きで寄付した数百万円と違って麻原の優しい一面、もしくは自分と同じ虐《しいた》げられた立場の者への同情・共感の表れだったと見るオウム研究者もいるようだが、果たして本当だろうか。

後に麻原がロシアのルツコイ副大統領ら要人を訪問した際は、九〇年に創価学会の池田大作・名誉会長が旧ソ連のゴルバチョフ大統領と会談したことに刺激を受け、自分はロシアのエリツィン大統領と会談したいと要求。ロシア高官に莫大な献金をするなど猛烈に働きかけていたのが実情だったから、もしかしたらこの時も献金することで（多額ではないが）要人会談にこぎ着けたのかも知れない。

そして、帰国後には多少あったかも知れない殊勝な心もどこかに吹き飛んでしまい、ダライ・ラマ法王とのツーショット写真を本部道場など至る所に貼って、自分の権威付けや信者の信頼獲得に利用したほか、新たに信者を集めるためのPRにフル活用している。

麻原はほかに、早い段階からオウム真理教問題を追及していた週刊誌『サンデー毎日』に対抗するため出版した冊子『「サンデー毎日」の狂気』の巻頭カラーグラビアや教団の宣伝用マンガパンフレット『未来を開く輪廻聖王』の裏表紙に、このツーショット写真を何枚も掲載。前者には、ダライ・ラマ法王が麻原に「君が本当の宗教を広めなさい」と語ったなどの説明が付いており、後者にはダライ・ラマ法王が麻原に「今の日本の仏教は儀式化してしまって仏教本来の姿を見失っている。このままでは、日本に仏教はなくなってしまう。だからあなたが日本に本当の宗教を広めなさい。君ならそれができる。あなたはボーディ・チッタ（仏陀の心）を持っている」と語りかけた、などと書かれていた。

もちろん、これらの記述はすべて、真っ赤な嘘であった。

さらに麻原は説法や出版物で、チベット仏教とオウム真理教の共通点を挙げ、修行法などが同一であるとPRしたり、ダライ・ラマ法王の名前を最大限利用したPR用のビデオやテープを大量に作って配布するなどやりたい放題であった。

教団がチベット仏教亡命政権に多額の寄付をしていることを強調し、終盤にはまるでオウム真理教がチベット仏教を陰で支えているかのように言いふらす動きも見られた。

ゲーリックは当時、麻原の言動についてこう答えている。

「ダライ・ラマ法王は麻原に仏の教えを説いた。しかし、法王は何万人という信仰者に仏の教えを説いており、麻原は仏教を学びに来た者の一人に過ぎない。彼だけに特別に何かを教えることはないし、彼に仏陀の素質があるなどと発言するわけがない」

ゲーリックは、法王は麻原が主宰する宗教団体の名前さえ知らなかったと主張。ましてや、麻原がインドで最高級の外資系ホテルに滞在しながら、優雅に修行の真似事《まねごと》をしていたという信じられないような実態を知る由《よし》もなかったという。

ただ、そうは言いながらもゲーリックは、オウム真理教が八九年三月に東京都に宗教法人の認証を申請する際、麻原の要求に応じてチベット亡命政権宗教・文化省副長官名で推薦状を出したという。

麻原側はもともと、ダライ・ラマ法王名で《麻原は敬虔《けいけん》な仏教徒であり、真摯に宗教活動を続けている教団を持っている》旨の推薦状を書いて欲しいと要望してきた。

さすがにゲーリックも拒否し、副長官名で《東洋の文化に基づいた宗教団体で、麻原はそのマスターである》旨の推薦状を作成すると、麻原は激怒して帰国した。

ところが、麻原は《麻原はチベット仏教、大乗仏教について非常に興味を持っている人物である。チベットの文化と宗教を復活させるために努力してきた……》という文面のダライ・ラマ法王名の推薦状を手に入れていたのだ。

しかも、彼は前出のカール・リンポチェ総師からの推薦状まで入手しており、その文面は麻原が以前に要望した通りの内容になっていた、というのである。

こうした最上級のマジックや、麻原の天性とも言うべきペテン師ぶりについて、それから四半世紀以上経った現在でも、「神爺」はこうぼかして明確な答えを示していない。

「タネ明かしは絶対にできんわ。ただ、そこまで突き止めた（あなたの）努力に応《こた》えて、簡単なヒントを言えば、法王名の推薦状は政治力、総師のそれは詐欺的テクニックの賜物《たまもの》やった、と言っておこうかのぉ」

私の取材では、総師のケースはどうやら、英語の読めない総師に代わり教団側が作成した英文の推薦状に、総師が不用意にサインしたものと分かった。そうは言っても、総師が何の書類にでも簡単にサインするとは思えない。そこには、総師の側近らに麻原側による買収や懐柔の手が回っていたことが十分に予想される。まさに絶対、タネ明かしができない何かが働いていたことに他なるまい。

一方、法王の方にも、オウム真理教の周囲にいる人物から永田町や霞が関の住人に対して強い協力要請が行き、都内の法人代表部を通じてチベット亡命政権に圧力がかかったらしいというところまでは突き止めた。しかし、その先は深い闇のベールに包まれ、とうとう分からなかった。

もちろん、こうした裏工作に「神爺」らブレーンたちの知恵と情報力、人脈がフルに活用されていたことは明らかである。

ただ、東京都と文化庁は教団に対する社会的批判の高まりを理由に認証を渋っており、実際に認証されたのが八九年八月二十五日になってからだったことを考えれば、この二通の推薦状がなければ、オウム真理教の宗教法人設立はなかったのかも知れない。

その意味でダライ・ラマ法王及びチベット仏教の面々の行動に問題はなかったのか、と苦言を呈したいが、教団への強制捜査が行われた後の九五年四月五日、来日中のダライ・ラマ十四世は記者会見で、オウム真理教との関係について次のように述べている。

「（麻原と）会ったことはあるが、私の弟子ではない。私に会いに来る人に対しては、誰でも友人として接しているが、決してオウム真理教の教えを承認してはいない。彼は宗教より組織作りに強い興味を持っていたという印象が残っている」

私はダライ・ラマ法王が来日した時、直撃取材を敢行したが、その際、ダライ・ラマ法王は、こう断言していた。

「当時、麻原がやっていたのはヨーガやヒンドゥ教などを混ぜ込んでいたもので、仏教とは違ったものでした。仏教は一人の指導者に信者が依存し過ぎるべきではないと思っているし、彼のやり方は極めて不健全なものでした。第一、私は超能力とか奇跡に対しては懐疑的な見方を採っているんです」

教義は各宗派のごった煮

さて、オウム真理教の教義や修行方法、教団の運営システムなどは麻原とともに、前出の「長老」と「坊さん」が中心になって築き上げていった。

主に教義や修行方法を担当した「長老」は、実は、阿含宗の信者だった人物だ。

当初、オウムの信者には阿含宗出身者が多かったことが分かっている。

一九九〇年に教団が沖縄県の石垣島で行ったセミナーに参加した約五百人の出家信者のう

ち、半数近い二百数十人が元阿含宗信者であった、との記録が教団に残っている。

教義にも共通点が多く、阿含宗が原始仏教の経典《きょうてん》・阿含経と密教を結びつけて立宗したのに対し、オウムもヨーガの修行を接点として原始仏教と密教を混合したような教えが随所に見られる。

初期の阿含宗は超能力を持つことを目指し、入信後は因縁解脱《いんねんげだつ》のため千座行（解脱宝生《げだつほうしょう》行《ぎょう》）を課せられ、途中で止めると因縁返しという災いが振りかかるとされていた。これはオウムのカルマ返しと同じことを意味しており、両者の教えや考え方はよく似ているように見える。

それもそのはずで、オウムの教義やヨーガを根幹とする修行方法そのものが、阿含宗を真似て作られたものなのだ。

ただ、オウムは仏教（密教）だけでなく、ヒンドゥ教やキリスト教などさまざまな宗教の教えを混ぜ込んで〝いいとこ取り〟して教義を作り上げており、柔軟性があった。そのため、宗教の初心者や悩める者たちが受け入れやすくなっており、大勢の信者がオウムに移ってきたと見られている。

麻原に心酔し、常に麻原の傍《かたわ》らに侍《はべ》って「グル、グル……」と言い回るので、信者仲間から「グルグルパー」と馬鹿にされていた井上嘉浩・教団「諜報省」大臣も最初は、阿含宗の桐山靖雄《せいゆう》管長が書いた約三十冊の書物を読み漁《あさ》り、阿含宗の信者になった。が、そこでは解脱に到達するノウハウを直《す》ぐには伝授してくれず、悶々としている時に出合ったのが麻原の著書『超能力「秘密の開発法」』であった。

後に麻原は自著の中で《井上が「超能力が欲しい」と私に電話をかけてきたことを覚えている》と書いているが、オウムが解脱に至るノウハウを具体的に教えてくれると信じて入信した井上は、さまざまな修行や神秘体験に狂喜乱舞したと言われている。

だが、麻原が真面目に修行に取り組もうと、少しでも考えていたのは最初の頃だけで、彼が阿含宗から教義や修行方法以上に学んだことは、阿含宗が大手広告代理店とタイアップして行った数々のイベントやPR活動の華やかさや巧みさであったり、「教団や管長自身の中にある種の辻褄合わせ的ないい加減さが見える」(麻原の話)点であったという。もっともオウムほど大胆かつ巧妙に、他宗派や経文《きょうもん》より引用・抜粋して教義や修行方法を作り上げた教団はないから、阿含宗もその代表者たる麻原に「いい加減」と言われるいわれはないだろう。が、そうした笑止千万の言動やエピソードには事欠かないのだ。

オウムが一連の事件を引き起こす原点とも言える信者殺害を肯定するポア(魂の救済)の

論理についても後で詳述するが、その根本的論理は《真理のため、救済のためには殺人をも許される》という「タントラ・ヴァジラヤーナ」（日本では「秘密金剛乗《こんごうじょう》」と呼ばれる）の教義にあると言われている。

麻原はそれを強調した説法を何回も行っているが、その一つが八九年四月に教団富士山総本部道場で行ったという有名な「三百人の貿易商の講話」である。

三百人の貿易商が乗った船に一人の悪党が紛れ込み、貿易商を殺して積み荷をすべて奪おうとした時、仏陀釈迦牟尼はどうしたと思うか、と麻原は弟子たちに問いかけた。

弟子たちの答えは「（貿易商たちに）注意する」に始まり、「先生（麻原）の本を読ませる」といったおもねったものや、「（悪党を）脅す」などと次第にエスカレートし、ついに「真理に近づけるなら近づけて、どうしてもその人（悪党）のカルマが悪かったら、ポアさせる」との回答を引き出した、というエピソードである。

実は、この説法は大乗仏教の経典『大正新脩大蔵経《たいしょうしんしゅうだいぞうきょう》』十二巻に所収された『仏説大方広《ぶっせつだいほうこう》善巧方便経《ぜんぎょうほうべんきょう》』に出てくる話が源であった。

麻原が後に盛んに力説することになる「ハルマゲドン（世界最終戦争）」についても、麻原が八六年六月、「竹内文書《たけうちもんじょ》」と呼ばれる古文書に出てくるヒヒイロカネ（永遠に錆びない不思議な金属）で作られた神剣を求めて東北地方を旅行した際、ヒヒイロカネを調査していた男の予言の中に出てきた話を元に、人類の原罪に対して神の懲罰と最後の審判が下されるというキリスト教の『黙示録』の内容を加えて練り上げたものだと見られている。

ヒヒイロカネは「竹内文書」に《比重は金よりも軽く純粋のものは鉄より軟らかであるが、之を合金するとプラチナよりも硬くなり、刀にすれば以て玉を切るべし》（筆者訳）とあり、麻原はハルマゲドンを生き残るための超能力を増幅させる金属と勝手に解釈し、男にもらった磁鉄鉱石をヒヒイロカネとして超能力グッズに仕立て上げ、荒稼ぎしている。

麻原の場合、そこに『宇宙戦艦ヤマト』や『風の谷のナウシカ』『未来少年コナン』など自分が愛読していた漫画やテレビで見ていた人気ＳＦアニメの内容を混ぜ込んだと見られ、それらの筋書きや映像を巧みに繋ぎ合わせると、麻原が予言した世界が見事に浮かび上がってくるから、笑ってしまう。

これらオウムの教義や修行方法を麻原とともに作り上げたのが、古参信者の「長老」であった。

彼は、麻原が世界各地から買い集めた宗教書や経典、道徳・倫理・哲学書などを翻訳し分析するために語学が堪能で学識豊富な信者を集めて、密かに編成した「翻訳研究班」に入り、やがてその中心メンバーとなって教義の確立に努めた。

こうした動きは、教団設立に向けて教義などを急いで確立していかなければならないために起きたことは間違いない。だが、それ以前に麻原自身が宗教書、特に分かりやすく書かれた書物を読むことに興味を持ち、修行そのものではなく、修行らしきものを行うことが好きだったことが大きく、そうしたことが原動力となっていた。

このように麻原彰晃こと松本智津夫が読書や修行（の方法論研究）に勤《いそ》しむようになったのは、幼い頃から親代わりを務め、公私ともに彼の世話を焼いてきた長兄の影響が大きかった。

長兄は智津夫に、自らも熱心に読んでいた創価学会や阿含宗の書籍を読むよう勧めた。智津夫の方も上京し結婚したての時、二十二歳ながら「気学」「四柱推命」「奇門遁甲《とんこう》」といった中国に伝わる運命学を独学で勉強し始めた。

上京後の智津夫はどんどん宗教へのめり込む。運命学などに嵌まった後、まずは仏教やキリスト教を取り入れた新興宗教「ＧＬＡ（神理の会）」の創始者・高橋信次氏（故人）の全集を読み漁った。高橋氏は幼い頃から霊的体験を繰り返したという伝説的な人物で、智津夫は新たに開設した薬局の名前を、GLAのネーミングを真似て「BMA（ブッダ・メシア・アソシエーション）薬局」と名付けたほど、高橋氏の影響を受けた。

だが、GLAには《一日だけ行ったが、解答らしきものが得られなかった》（九二年四月発売の雑誌『別冊太陽』での発言）と入信せず、次は原始仏教に惹かれたという。

そして、中村元《はじめ》・東大名誉教授（インド哲学者）の著書『原始仏教』や『転生転物』、増谷文雄著『原初経典・阿含経』などの専門書に加え、密教や仙道に関する書物、大乗仏教について中国語で書かれた原書……などを片っ端から読破した。

麻原が二十七歳となった八二年、今度は《釈迦が唯一、弟子たちに語った仏典とされる「阿含経」を教えの中心とする阿含宗に入信し、三年近く在籍して千日間で解脱できるという千座行を終えてやめた》と、彼の著書には書いてある。

「私は直接会ったことはないが、誰よりも熱心に修行する男だったと聞いたことがある。反面、『桐山靖雄管長の右腕になりたかっただけ』という噂も流れており、結局、長続きせずに挫折したのだろう」

その当時、阿含宗にいた元信者は、そう明かす。

ただ、転んでもただでは起きない麻原はこの時、ノストラダムスの予言について著《あらわ》した

『一九九九年カルマと霊障からの脱出』をはじめ桐山靖雄管長の著書を次々と読んだことで、オウム真理教の教義に大いに役立てている。

だが、初めは奉《たてまつ》っても最後は貶《けな》すのが麻原流。麻原が創価学会や立正佼成会などの宗教団体を「金集めに過ぎない」と批判した際、阿含宗も《千座行の期間中に十万円以上かかる永代供養や解脱供養を申し込むように勧めるのは矛盾を感じる。他の供養にお金を出した方がマンダラや写真をもらえるから得だという。メチャクチャだ。それなら修行などやめてしまった方がいい》（麻原著『超能力「秘密の開発法」』）と痛烈に批判している。

その後、麻原はパタンジャリの『ヨーガ・スートラ』という書物に出合い、ヨーガによる解脱の道を説いた古典的なヨーガの教えに感激し、ヨーガ修行に夢中になる。

また、前出の『超能力「秘密の開発法」』には、麻原が「仙道」の修行に明け暮れたことが彼の運命を決定付けた、と書かれている。

仙道では気を体内に循環させ、尾てい骨に眠っている霊的センサーを解放し、そこから一気にエネルギーを頭頂へ突き抜けさせる「大周天」と呼ばれる術を身につけたという。

この「大周天」は後に、オウム真理教の修行の基本とされる「クンダリニーの覚醒」と言われるものに変身する。「大周天」を体得した智津夫は「幽体離脱」や「手当療法（霊障をみること）」「他心通（他人の心を読むこと）」といった超能力を得たとしており、大きく変身（化身）する出発点となった、というのだ。

話を古参信者の「長老」に戻そう。

彼が所属した「翻訳研究班」は決して表舞台に登場することのない部署だが、本当は教団の基礎を作り上げる重要なセクションであり、他の信者との接触を禁止されるなど常に厳しい統制下に置かれていた。

この「長老」は麻原の性格をよく知っており、自らを「単なる翻訳係」と呼ぶなど常に言動を控えて慎重に行動し、教義や修行方法の実態をすべて分かったうえで麻原を称賛した。このため、重用はされなかったが、何とか生き残ることができたのだ。

なぜなら麻原は教義や教団組織が整備・確立されるにつれ、自分にとって不都合な部分を知る古いメンバーを次々と粛清し始めたからだ。

まず、麻原の著書編集担当でその言動に疑問を抱いた信者はスパイ容疑をかけられ、教団から追放された。古くからいる信者で、つい「教祖はいろいろな経典や教えを組み合わせて説法している」と雑談していたところを見つかった三人は、一人が脱走し、一人は地方組織に飛ばされ、幹部信者だったもう一人は長期の独房修行を強いられた。

そうした動きを知り、恐怖心を味わった「長老」は、麻原逮捕後もずっと沈黙を守ってきたが、このたび取材に応じ、重い口を開いた。

何しろ、この「長老」は麻原の喜怒哀楽の激しさや狡猾《こうかつ》なところ、特に教義を作るに当たってのインチキぶりを側で見ていて熟知しており、その発言は注目に値した。彼は真面目で几帳面《きちょうめん》な人物らしく、当時の様子と教祖や幹部間で戦わされた議論の中身を克明に綴ったノートを繰りながら、真剣に、そして丁寧に取材に応じてくれた。

「東大大学院で物理を学んだとか、大病院で勤務する現役バリバリの医者などのエリート信者が続々と入信し、彼らを納得させるような教えを探し、理論武装を築くのに苦労しました。というより、勘が鋭くて何でもお見通しの麻原がなかなか認めてくれないので、大変でした。逆に、エリート信者たちは何も聞かず何も考えない〝指示待ち人間〟になっており、『疑問を抱くことは心の汚れ』とか『教祖の指示は救済であり、その通り動くことが解脱の道』などと言えば、素直に絶対服従するから驚いたほどです」

「長老」は、さらにこう続ける。

「教義上はオウムを離れると地獄、特にグルを裏切れば転生する先は無間地獄とされています。教団は常に仮想敵を設けて、ハルマゲドンや無間地獄の恐怖をチラつかせて信者を後ろからせき立てるし、機械の如くこき使います。そうした信者に苦痛を強いるような組織を保てたのは、信者同士が相互監視する密告社会を築いたからなんです」

その相互監視・密告制度の典型例が、教団内に設置された「コーザルライン」と称する教祖への直訴《じきそ》用「目安箱」だったという。

組織の風通しを良くすることが設置目的だと言いながら、実際は反教団的言動とか脱走寸前の信者の情報を密告するためのものだった。「目安箱」に讒言《ざんげん》的な内容を投書されたら、必ず何らかの罰を与えられたため、信者にとっては恐怖以外の何物でもなかった。

「目が不自由な教祖は常に心眼で信者を見ている、との潜在意識がありました。心の中まで見透かされているという恐怖心が、知らないうちに信者たちを支配していたんです。実際は側近の村井（秀夫・教団「科学技術省」大臣）さんが、信者が何を話していたかとかどんなものを食べたかまで細かくチェックし、密かに教祖に報告していただけでした。それを基に叱られたので、それに気づいた信者たちからは文字通り、『お目付役』として嫌われていましたよ。だから村井さんが刺されて死んだ時、いつかはこうなると思っていたとか言って、誰も悲しんでいませんでしたね」

世の人々を救済する宗教者のものとはとても思えない話だが、刺殺はともかく、こうした陰険な出来事は一般のサラリーマン社会でも十分にあり得る現象であろう。

いずれにせよ、すべての情報、利害（特に利益）、人間関係などが教祖に集まるように作られており、隠し事は一切できないようになっていた。

女は美人、男は理系高学歴者

こうした相互監視・密告制度をはじめさまざまな教団の運営システムを、麻原とともに構築したのは主に元出家の「坊さん」であった。

「坊さん」は雑誌に載った麻原が空中浮揚する写真を見て、麻原を「超能力を持つ人」と考えて関心を抱き、「オウムの会」本部を訪ねてきた男性だ。

「坊さん」はインドにある宗教団体の東京支部で修行を積み、出家生活も体験したことがあり、当時は性格は素直で、頭の回転が速く、柔軟に考えられる人物だった。さらに、宗教や精神世界の知識が豊富で神秘体験もあるといい、麻原の大のお気に入りとなった。

また、本人も麻原が信者の眉間に親指を当ててエネルギーを注入するシャクティーパットを高く評価しており、自分の知識や経験を惜しげもなく麻原に提供したため、麻原は一時、「神爺」より信頼していた様子が窺われた。

さらに「坊さん」は教団の組織や経営のノウハウをよく知っており、麻原は「坊さん」と深く交流することでどうやら、それらを貪欲に吸収し、修行体系の基礎を学び、短期間ですっかり自分のものにしてしまったようなのだ。

だが、一九八六年二月に入信した「坊さん」はわずか一年二か月足らずの後、教団がオウム真理教を名乗る三か月前の八七年四月に脱会した。

麻原が突如、あまりに都合のいいタイミングで最終解脱宣言をしたことに疑念を抱いたのが直接の理由だが、自分が築いた教団運営システムを悪用し、信者の弱みにつけ込んで支配を強める狡猾さに嫌気が差し、麻原と教団の行く末に不安を抱いたからではないかとも見られている。

「坊さん」は九七年六月十九日に岡﨑一明被告の弁護側情状証人として出廷した際、教団の草創期に感じた危うさを吐露する証言を行っており、誠実であるがゆえに感じた危機感は間違いないところだろう。

「坊さん」の選択が正しかったことは、教団で繰り広げられた粛清劇を見れば明らかだ。信者の出家制度をはじめ、出家者が原則的に全財産を「お布施」する仕組みや、修行の成就者に「ホーリーネーム」という宗教名を与えて有り難く思わせるなど、オウムを巨大化させ暴走させた原点とも言える運営システムや修行体系のほとんどが、「坊さん」が教団に持ち込んだり、麻原やスタッフとともに考案したものと言っても過言ではない。

自ら築いた教団と教祖の能力を信じなかったことで、難を免れたことになるのだから、何たる皮肉であろうか。


まず、一人百二十万円の「お布施」を必要とする信者の合宿制度で後に出家制度として発展する「サンガ（僧伽）」制度の計画を練ったのは「坊さん」のチームであった。

全財産を「お布施」（信者の全財産を教団に寄進）するのは、教団の活動・運営資金の調達が目的だが、そこに「どこかに何かを残してあれば、簡単にそこに逃げるから、すべてを処分して退路を断った方がいいのではないか」ともう一つの目的を加えたのは、「坊さん」の提案から始まった。

信者の財産を根こそぎ奪ったうえで退路を断つとの考えで、それをより確実なものとするために、各信者に《決して修行を放棄しません》という誓約書を出させる案も、「坊さん」の知恵から生まれたものであった。

同時に信者の生活スケジュールを徹底的に管理し、テレビや新聞など外部からの情報を一切遮断。信者たちを慢性的な睡眠不足に陥らせる中で、教祖の教えと自らの決意のみを唱えさせ、黙々とワークをこなす生活を強制し、彼らを服従させることに成功した。

このほか、成就者には「ホーリーネーム」を授け、教団の豊富な資金力をバックに理系のエリート学校出身の信者には大金を投じて高度な分析機器を揃えるなど、完璧なアメとムチ政策を進めてコントロールした。

何しろ、「女は若くて美人。男は理科系の高学歴者」というのが、麻原が幹部候補の信者を勧誘する際に打ち出した方針であった。そして、「一般信者は資産やカネを所有しているか、前職の関係で特殊な技能か資格を持っている、または真面目な体育会系マッチョぐらいが関心の的で、あとは何でも良かった」（元幹部信者）というものだった。

前出の「神爺」は、こう語る。

「信者を勧誘するのは、口が巧い美女かイケメンがいいに決まっとるわ。フランケンシュタインみたいな化け物が信仰を勧めたって、誰がついてくるかい。勧誘方法かて、ちゃんとマニュアルができとるんや。《自分が体験していない神秘体験を、さも体験したかのように話すやり方》とか、《相手が道場に来て『光が見えた』とか『こういう声が聞こえた』と言うたら、こう答えなさい》みたいに、こと細かに書いてあるんや。やることなすこと、姑息でえげつないぐらいやないと、詐欺は成功せんのや」

さらに「神爺」は、こう明かす。

「出家させられたら最後で、外部とは連絡が取れなくなり、とことん金を毟《むし》り取られるわけや。オウムにとって信者はあくまで商売モノであり、できるだけカネを出させるようにし向ける。売れるものは何でも売り、取れるものは根こそぎ頂く。まさにビジネスライクってやつやな」

この「神爺」の話を聞いていると嫌になるほど恐ろしいが、現実はもっと冷酷だ。

「入会金や会費に始まり、やれ儀式だイベントだのと何かやるごとに多額の参加費を徴収する。尊師の説法テープやビデオ、数珠《じゅず》など備品を提供し、その度、『お布施』を頂く。最も酷かったのが尊師がナマの声で秘儀マントラを吹き込んだという百本限定のお宝テープです。実際は大量生産された安物テープに『進め、進め、修行よ、進め』と歌った声を入れただけの代物で、これを何十万円で売りさばこうというのですから、そこらの詐欺師も裸足《はだし》で逃げ出す厚かましさですね」（テープ制作を担当した元信者）

中には、《血液型がA型の人間は堅実に貯金する癖がある。結構貯めている可能性があるので、すべて吐き出させ寄付させるべし。B型は……》などと詳述した血液型別勧誘マニュアルまであったというから、名うての振り込め詐欺集団も顔負けの充実した指導体制であり、逆にいい加減な連中の集まりとも言える。

信者の配置も適材適所で、「坊さん」や「神爺」らが考え抜いた形跡が窺われる。

例えば、早川紀代秀や井上嘉浩、遠藤誠一ら後の主要メンバーを次々と勧誘した古い幹部信者がいるが、彼は「救済のために、解脱・悟りを得るために、クンダリニーの覚醒をするが、そのために尊師は死ぬ恐れがあるほど生命エネルギーを注ぎ込み、生命の危険を顧《かえり》みずにやってくれる。尊師の行動は決して地位や名誉、お金のためではないことが分かる。シャクティーパットができるグルは、世界中を探してもほかにはいない」と語り続けるほど麻原に心酔している。

そうした人物の下に、社会経験が豊富で物事を冷静に見つめている早川を置き、高学歴を誇る理系エリートの遠藤や、真面目だが学歴コンプレックスのある井上を間に挟めば、刺激し競争し合って相乗効果を生み出すことになるわけだ。

また、宗教とは真逆とも言える先進技術の取り込みにも余念がない。今から四半世紀も前の話なのに、パソコン通信を使って信者へのメッセージを発信し、難しい説法やヨーガ修行の説明はダンスやアニメを取り入れて分かりやすく行うなど、ニューメディアを活用した教団のイメージ戦略は、麻原と「坊さん」が阿含宗やＧＬＡのメディア戦略などから学び、取り入れたものである。

宗教オタクにはダライ・ラマ法王の名前を最大限に利用したＰＲビデオやパンフレットをばらまき、世の人々が強い男を求めていると判断すれば、ボサボサ髪で髭面という縄文人的野性を感じさせる麻原のキャラクターを前面に出すなど、考え抜いた戦略が随所に顔を覗かせる。そのくせ「甘露水」と名付けた飲料水にボウフラが湧いていようが、不衛生な環境で信者の肌が爛《ただ》れていようがお構いなしであり、どこまでが戦略で、どこからが横着なだけなのか分からないほどであった。

ただし、出家した信者には極限まで「お布施」を要求し、何かにつけてカネを出させるか労働力を提供させて絞り上げるなど、とことん厳しく臨んでいる。

前述したように、私財をすべて教団に寄付させたうえ、《私の遺産はすべて、宗教団体オウム真理教に寄贈する》などといった遺言状に署名・捺印までさせる。

さらに「教祖のＤＮＡに秘密があることが京都大学医学部の分析で証明されている」などと偽り（実際は、信者になったばかりの京大大学院生の遠藤誠一が根拠のない個人的調査を基にそう口走っただけ）、尊師のＤＮＡを受け継ぐと称して濃厚なキス修行をはじめ麻原の髭を煎じたものとか、彼が入った後の風呂の水を「ミラクルポンド」と言って有料で飲ませたのだ。教団の資金稼ぎと、教祖への絶対服従を試す両方の狙いがあったことは明白だろう。

このように、いささか悪のりして度が過ぎているものの、オウムの教義や修行方式自体は麻原が以前に入信したことがある阿含宗をはじめ、彼が関心を持ったりかかわったりした他の宗教団体の教義や修行内容を真似て作ったものばかりであった。

ヨーガを根幹とした修行方式と、通信衛星まで駆使したニューメディア戦略や、ど派手な大衆キャンペーンは阿含宗の得意技だし、GLAをはじめ新興宗教団体の信徒教育プログラムを利用して超能力開発セミナーを開くなど、各教団のいいとこ取りをしていた。そして仏教からヒンドゥ教、キリスト教までをごちゃ混ぜにして教養を完成させたのだ。

これは複数の宗教を渡り歩いた麻原の経験と、各宗派を調査・研究した「翻訳研究班」などの専門スタッフの知恵の産物と言って良かった。オウム真理教の原型は、実は教団が名乗りを上げる前からでき上がっていたのである。

そこに麻原の運の強さと並外れた行動力、「神爺」や「坊さん」らブレーンの働きが加わって、アッと言う間に麻原の神格化と教団の体制が確立した。麻原自身も次第に強い統率力や行動力を身につけ、カリスマ性をいかんなく発揮するようになり、天才型宗教家としての評価がすっかり定着していった。

後にオウムが暴走したため麻原と教団の化けの皮は剝がれてしまったが、この草創期に教団が出家制度を採用、テレビや新聞、雑誌をすべて禁止するなど外からの情報を一切遮断し、教祖の教えのみを信奉する生活を信徒に強制したことの意味は極めて大きく、後の暴走を生み出した一因とも言える。

信者をその気にさせた二大説法

教団ナンバー2とされた村井秀夫が率いる教団「科学技術省」の研究スタッフには、麻原の肝煎りで集めた理科系の高学歴者が揃っていた。

同省次官の豊田亨はその一人で、東京大学大学院で素粒子論を研究していた超エリートが地下鉄サリン事件の実行犯と判明した時は、世間にもの凄い衝撃が走った。

豊田をはじめとする理系エリートたちは上からの指示に対し、驚くほど何も考えずに従う「奴隷的服従」を受け入れていた。

その豊田が法廷で証言した内容はこうだ。

一九九三年一月頃、村井からロシア行きを指示され、ロシアで教団の裏面を知ったため村井に自分の採るべき道を問うたところ、次のような回答が返ってきた。

「危険なことはやりたくないと考えて、尊師の指示に従わないというのは自分の煩悩《ぼんのう》であり、心の汚れである……」

もともと「ヨーガの修行で自分の能力が伸ばせればという軽い気持ちで始めた」という豊田はこの言葉を受けて、「一切の思考を停止させて、上からの指示にひたすら従うことが教団での生き方になった」と証言。単なる奉仕活動ではなく、「カルマ落とし」や「観念崩し」と言われる「ワーク」を行うことで「心の汚れ」を取り除こうとしたという。

出家信者には、この「ワーク」と呼ばれる奉仕活動を行う義務が課せられた。豊田ら理科系エリート信者たちのように潤沢な資金と整備された研究施設が与えられ、サリン製造など科学分野で活躍する者もいれば、オウムが経営する会社や店で無給で働き、「ワーク」によって功徳《くどく》を積んだと考える一般信者もいた。

「教団のワークというのは、二者択一を迫ってくるものなんです。指示通りにやるかやらないかのどちらかで、やらないと言えばグルを裏切ることになるから、どうしてもやるしかなかったんです。これは修行だと考えて麻原の後をついていったら、とんでもない犯罪者になっていました」

そう豊田が法廷で証言している通り、エリート信者だった者は皆、どうしても「指示待ち人間」にしかなれなかった苦悩を抱えていた。

その一方で一般信者の中には、例えば弁当屋に配属されてモチベーションを失い、自分の現状や教団に不満を抱く者もいた。そんな一般信者を得意の説法で煙に巻き、言葉巧みにワークを格付けして不満を取り除く麻原の姿が、あちこちで目撃されている。

九一年一月、その弁当屋を訪れた麻原は「弁当屋は救済のための基盤である」と言い、「経済的な基盤がしっかりしてこそ、道場が用意できるわけだし、オウムの病院もできるんだ。オウムの弁当屋さんというのが有効な一つの力になっているの。分かるよね。皆、どうだ」と店員の信者たちに問いかけた。

教祖が目の前に現れて、自分に問いかければ、弁当屋の信者全員は「はい」と返事するしかないだろう。二者択一、三者択一の形を取りながら事実上、答えは一つしかないという問答は麻原の得意技である。

「君たちの力で動いているということは、その功徳は誰に返ってくるんだ？　自分たちに返ってくるんでしょ。君たちは現世にいて、三つの修行を行っていることになるよな。どうだ。弁当屋に君たちがいること。そしてワークしていること。これは帰依だろう」

麻原がそう言って「どうだ。分かるか」と畳みかけると、信者たちは「はい」と答えるしかない。以後、何の話でも「どうだ」と言われれば「はい」と返すしかなかった。

「そこで君たちが自分の欲と闘って克服し、弁当屋を発展させることは、それは供養だろう。どうだ」

「（普通は）自分が生きるために仕事しているわけだから、供養とは言わないよね。そのものを布施した時に供養が成立する。だから、君たちは一生懸命にワークするだけで供養になるんじゃないか。どうだ」

「君たちはもう一つ大きな功徳を積んでいる。君たちが頑張れば当然経済も活性化する。そして経済が活性化されることによって多くの魂がまた真理と巡り会うことができるわけだよね。分かるか」

こうして散々、信者たちに言い聞かせた後、弁当屋にいる信者の中から「必ず三人か四人を大師に引き上げる」と約束すると、初めは鈍くて小さかった信者たちの返事がいつの間にか明るく大きな声になっていったという。

このように修行に関係ない弁当屋の仕事を信者にとって利益があるように説得し、動機を与えてモラール（勤労意欲）を高める麻原の巧妙な話術こそが、多くの信者を引きつけて教団を拡大し、そして無差別テロへと導いていく原動力となったことは間違いない。

それにしても、理科系エリート信者にせよ一般信者にせよ、彼らはどうして麻原の荒唐無稽《こうとうむけい》な話をあっさりと信じてしまったのか。

これまで述べてきたように、麻原と前生の因縁で結ばれたと言われてきた弟子たちは、あくまで尊師・麻原によって引き上げられた存在であり、麻原に恩義を感じて絶対服従を誓い、修行や「ワーク」に取り組んだと思われる。彼らは自分を「至らない人間」と思い込み、麻原はもとより幹部信者の命令にも、無条件で従うように洗脳されてしまったことは確かであろう。

さらに「尊師は何事も心眼で見抜いている」という潜在的な恐怖心を抱いたことに加えて、前述したような信者間の相互監視・密告制度があり、麻原から叱責《しっせき》を受けることへの恐れが大きく、信頼に応えるためにも指示通りに動くしかなかったと見られている。

時代の速い流れや社会の閉塞感に言いようのない不安を覚えた若者たちは、独創的な発想を持たず、自分をはるかに超越する者に縋《すが》り帰依することで、一気に不安を解消しようと考えた。彼らは麻原の説法に惑わされ、「この世は卑《いや》しい物質文明に支配され、人々の心は汚れている」といった観念的な見方にとらわれ、現実を直視しようとせず、指示通りに動くことしか考えなくなった。

そんな彼らを絡めとり支配下に置くことは、いかに人を騙して儲けようかと待ち構えていた麻原にしてみれば、赤子の手を捻《ひね》るより簡単なことであった。彼らが大好きで、さも知ったようなことを言っている「超能力」なるものを目の前で見せつけ、この神秘的な世界が見えるのは「選ばれしあなたたちだけだ」と耳元で囁いてやれば、優越感に浸った連中はお気軽に罠に飛び込んでくる。麻原という人物が自分を助けてくれる絶対的存在に見え、彼が唱える世界が理想的な社会に思えてしまうらしい。

しかも、いったん罠に嵌まった若者たちは、周囲の忠告や救出の手を敵の襲撃としかとらえず、牙《きば》を剝《む》き、爪を立てて激しく威嚇するから恐ろしい。

そんな未成熟で頭だけ大人になったような若者が大半を占める信者たちを洗脳し、絶対服従するロボット化させたと思える麻原の説法が二つある。

一つ目は八八年一月十六日に行われたもので、「グルに出会えて素晴らしい修行に取り組める喜び」を讃えつつ、自分の教えがいかに偉大かと強調している説法だ。

教団が発行する「信徒手帳」で紹介されていたほどだから、麻原としても会心の説法だったのかも知れない。やや長い中身なので、説法を録音したテープを基に一部抜粋で紹介しよう。

「今日はまずね。いかにあなた方が功徳が高いかという話をしたいと考えている。二千五百年前の釈迦牟尼はこう言ってらっしゃるね」

「ここに大きな海があると。そして海底には盲の亀がいる。この盲の亀というのは私たち凡夫を指している。その盲の亀が数百年に一度、海上に頭をもたげて呼吸する。その時ちょうど牛のくびきがね。流れてきてよ。その亀の頭にボコッと嵌まる確率。これが私たちの救済される確率だ（中略）そういう意味で言ったなら、過去世から偉大な功徳を積んできたあなた方のカルマというものに、あなた方は感謝しなければならない」

「そこに真理があることは分かったと、ね。しかし、いろんな社会的条件によって修行できない人もいる。ところがあなた方はこうやって法を聴き、そして日常生活以外に、修行することができるという、ね。時間、偉大なる宝物である時間を持っているわけだ、あなた方は。考えてご覧なさい。これほど偉大な功徳があるか。（中略）あなた方は今、ここに集い、実践していることが、いかにね、素晴らしいことであるか、そして偉大であるか、理解できるはずだ」

「いかに稀《まれ》なチャンスによって、あなた方が真理というものに、今巡り会っているか、よーく分かるはずだ。そして、真理というものはひとたび離してしまうと、また、あなた方の心に曇りが生じ、数百年に一度という機会を通じてしか、あなた方の心の本然というものは真理を求めようとしなくなるんだ」

絶対服従を誓ったグルからこう言われたら、誰もがこのグルに従い、言われた通り何の疑いも持たずに修行するしかないと思うのではないか。しかも他人に先駆けて、短期間で功徳を積む方法を見つけられるとしたら、張り切って進もうという心境になるだろう。

二つ目は八九年四月二十五日に教団富士山総本部道場で行われた説法だ。これも録音したテープを基に再現する。その後の教団の活動を考えると非常に意味深い説法である。

その前日、東京都に出していた宗教法人化申請が認証されず、麻原は約二百人の信者を連れて抗議デモを行っていた。

「役人たちの言葉、姿勢から何を感じたか。この現象界は真理の時代、つまり教えがきちんと実践されている時代と感じたか。それとも法は廃《すた》れ、凡夫・外道《げどう》は一切真理を行おうとしない末法の世だと感じたか」

麻原はまず、信者たちにそう問いかけ、「この世は末法だ」と煽《あお》った。

「君たちに聞こう。もし真理が、だ。権力に潰されるような事態になるとするならば、君たちはどうするか。どうだ。これはいろいろ意見があるだろう。君たちの、じゃあ、三つに分けよう。まず、真理のために戦うという一つの意見と、そして、そういうものから逃げるという意見と、それから真理を捨て去って、この世の中に迎合するという三つだ。どうだ」

そう言うと麻原は、それぞれの答えに賛成する信者を確認する。これでは弟子としては「戦う」と答えるしか選択肢はないだろう。

全員が「戦う」と答えるのを聞いて、麻原は信者たちにこう訴える。

「だとすれば、君たちは今生で解脱・悟りを目指していく自覚を持たなければならない。もし真理を阻害するものがあるならば、それを打ち破って行かなければならない」

そして、そのためには、とこう力説する。

「与えられたワークに励み、最も早い道で成就することを目指せば、日本そのものがオウム真理教に、仏陀の国に変わる日は近いんじゃないかと確信している」

最後に麻原はこう言って、力強く信者に呼びかけた。

「今の世は末法だ。そして末法に真理の照明を照らし、正法《しょうほう》の時代にすることは難しい。しかし、私たちは正法の時代を作り上げるために生まれてきているんだ。それをよく理解し、実践しよう。いいね」

この「この世は末法」に始まる大説法を聞いて、教団の主張を力で押し通す武装化宣言だと感じた「長老」は直ちに教団施設から脱走する準備を始めたという。

「私は教団の過激な武装化について行けず、翻訳研究の仕事に逃げ込んで没頭し、ついに強制捜査前の混乱に紛れて脱走しました。よく教団が武装化に走ったのは九〇年の衆議院選挙惨敗がきっかけだったと言われますが、全く違う。それより約一年前の八九年四月に行われたこの説法こそが教団武装化宣言に他ならないと思います」（「長老」の話）

これは後で判明したことだが、教団はこの時既に信者殺害事件を起こしており、内部分裂を防ぐためにも、外部に敵を作って武装化の道を突き進むしかなかったのである。

殺人集団に変えたポアの論理

一九八八年八月、静岡県富士宮市に富士山総本部道場が完成した。一千人の信者が収容できる鉄骨二階建ての大きな施設で、その頃は信者数も約四千人に増えていた。

この大規模施設構想は、実は、八四年に「オウムの会」を設立した当時から出ていた。その頃、麻原はただ一人、京都市内の探偵事務所を密かに訪ね、奈良県天理市に拠点を置く天理教について調査するように依頼している。

その調査目的は未だにはっきりとしていないが、実家から追い出されるように盲学校に進んだ麻原こと松本智津夫青年が、いつか自分の身を置く場所を自分で作りたいと考えていたことは想像に難くなく、大学から病院まで完備し天理市を築き上げている天理教に関心を抱いたのではないかと見られている。

麻原が八八年に打ち出した「日本シャンバラ化計画」の中核構想とも言われるロータス・ビレッジ建設こそが、麻原が昔から夢見ていた理想郷の実現なのであった。

この探偵事務所を巡っては数多くのエピソードが存在する。

まずは当時、貧しかった麻原が調査費用二十万円のうち手付金二万円を支払っただけで残金を踏み倒したという事実である。

もう一つは、この探偵事務所で調査の交渉をしている時、新しく作る教団の名前について話が弾み、冗談半分に天理教に因んで「あんり教、いんり教……」と五十音順に名を挙げていったら「しんり教」で「それがいい」と決まってしまったという話だ。

これが事実なら、後に我が国始まって以来の無差別テロ事件を起こした教団名が、調査費用を踏み倒した探偵事務所での言葉遊びから生まれたものであったことになる。何とも言いようのない話である。

因みに、信者数が飛躍的に増えたことでさまざまな「ワーク」の分業化が進み、教団の施設を作る建設班や修行用の機械を作る科学班など役割が細分化されて、教団の全体像が見えにくくなる問題点が生まれた。それを是正するために行われたのが九四年六月の省庁制導入だが、この「オウム帝国の基盤作りのため」とされた制度も、実は都内の安い中華料理店で教祖や幹部連中がラーメンやギョウザを食べながら「あれがいい」「こっちの名前がいい」などと話し合って決めたものだったというから呆れ返る。

八八年九月下旬、総本部道場で修行中の男性在家信者が突然、道場内を走り回り、大声でわめきちらした。早川ら幹部が取り押さえ、麻原の「水をかけて頭を冷やしてやれ」との指示で浴室に連れていき、村井の指揮の下、水をかけたり、浴槽に頭をつけたりしているうちに意識を失い、死亡した。

麻原以下複数の幹部と出家信者が事態を把握していたが、教団の組織拡大の妨げになると警察に届けず、麻原の指示で遺体を秘密裏に処理することを決断。遺体をドラム缶に入れ、教団内の「護摩壇」（耐火煉瓦をコの字形に積み上げた炉）で焼却し、燃え残った遺骨は金槌で叩いて砕き、すり鉢ですり潰して精進湖《しょうじ》に捨てたという。

結局、二十数人の信者がかかわったが、「高い世界に転生できるので羨《うらや》ましい」（信者の法廷証言）と誰も公にしなかった。

最高幹部だった岡﨑一明は後に「これがオウムの初めての犯罪ということになる。それを弟子たちが黙認したのは、出家時に弟子たちが尊師に対し《自己の生命すら放棄してグルにすべてを託し、尊師と教団に絶対に迷惑をかけません》といった趣旨の遺書を書いており、麻原の指示に逆らえなかったからだ」と語る。

だが、ある信者は「遺書は尊師への絶対服従を誓うものでなく、自分が死んだ時の葬式をオウムに一任するためとの説明を受けていた。オウムでは《魂は輪廻転生を繰り返し、葬式は次の転生先を決める大事なもの》と教えられていた」と話し、岡﨑の論理に「そんな話は聞いていない。おかしい」と首を傾げる。

麻原はその後、出家信者の外泊禁止など厳しい戒律を打ち出しており、教団内で起きた初の信者死亡（過失致死）事件が外部に漏れないかとヒヤヒヤしていたフシが窺われる。

その事件から五か月後の八九年二月、前出の信者が死亡した現場に居合わせて目撃した男性信者が教団からの脱会を申し出たため、外部に漏れるのを恐れた麻原が「どうしても脱会すると言うなら、ポアしろ。ロープで一気に首を絞め、後は護摩壇で燃やし骨も粉々にして、空中に散らばるほどに焼き尽くせ」と命じた。

その信者は鍵の付いた独房修行用のコンテナ内にロープで縛られて監禁され、麻原の説法テープを延々と聞かされながら脱会の意思を翻《ひるがえ》させようと説得を受けていたが、聞き入れなかった。そこで首にロープをかけ、早川と岡﨑、新實と村井が両側から引っ張って殺害し、ドラム缶に入れて十五時間以上も焼いたうえ、灰は地面にまかれたという。

ある日、信者たちは深夜の道場に集められ、麻原から突然、秘儀瞑想の一つを伝授された。在家信者がこの伝授を受ければ三十万円もの「お布施」を必要とする瞑想法なので、彼らは驚き、そして大喜びした。だが、実はこの時、外の護摩壇では遺体が焼却されていたのである。

仮に麻原を絶対的な存在として崇拝し、絶対的服従を誓ったとしても、宗教家として人を傷つけたり殺したりしていいわけがない。信者たちはなぜ、思い留まろうとしなかったのだろうか。

その根本的な論理は前述したように、《真理のため、救済のためには殺人も許される》という「タントラ・ヴァジラヤーナ」（以下、ヴァジラヤーナと呼ぶ）の教義にある、とされている。

ヴァジラヤーナはもともと仏教の教えの一つ。オウムでは個人の解脱を目的とする「小乗」、衆生《しゆじよう》の救済を目的とする「大乗」のさらに上位の教えとして位置づけられている。「どんな状態にあっても絶対に揺れないし、壊れない完璧な心の状態を作るための教え」とされているが、相手にとって「良いこと」だけでなく、自分にとっては「悪いこと」でも敢《あ》えて行うこともある。

「心の成熟と物事の本質を理解できる優れた知恵がなければ、逆に三悪趣（地獄、畜生、餓鬼という人間より下に位置づけられる苦しみ多き世界のこと）に落ちる。実践する側にとってもリスクが大きい危険な道」と説明されている。麻原は初期の頃から小乗、大乗、秘密金剛乗の三乗の教えに則して段階的な救済活動を行うことを公言していたという。

オウムは二件の信者死亡（過失致死、殺害）事件を隠蔽《いんぺい》した。

麻原が究極の違法行為に信者たちがついて来られるかを試したとの見方もあるが、ヴァジラヤーナの教えによる救済活動を進めていくべきか否かを試したと見る向きもある。

麻原がこの教えを初めて唱えたのは、「オウム真理教」と改名する半年前の八七年一月に開かれた「丹沢集中セミナー」での説法だった。当時はまだ「ヴァジラヤーナの教え」なる言葉はなく「クンダリニー・ヨーガの成就」と呼んでいた。

麻原の説法を録音したテープを基に、その内容を紹介しよう。

「クンダリニー・ヨーガにおいては、『グルグルグル、グルグルグル、あぁグルグルグルグルグル、グルのためならいつ死んでも構いません。グルグル』『頭ん中いつもグルのことばっかし。グルのためだったら死ねる、グルのためだったら殺しだってやる』というタイプの人で、この人はクンダリニー・ヨーガに向いているということになる。分かるかな。そして、そのグルがやれと言ったことすべてをやることができる状態、例えばそれは殺人を含めてだ。これも功徳に変わるんだよ……」

「私も過去世において、グルの命令によって人を殺しているからね。自分は死ねるが、カルマになる。人を殺すというものはできないものだ。しかし、そのカルマですらグルに捧げた時に、クンダリニー・ヨーガは成就するんだよ」

「グルがそれを殺せと言う時は、例えば相手はもう死ぬ時期に来てる。そして、弟子に殺させることによって、その相手をポアさせる、というね。一番いい時期に殺させるわけだね。そして、例えばもう一度、人間界に生まれ変わらせて、修行させるとかね……」

麻原が「ポア」という言葉を使った最初の説法とされるが、この段階で、悪業を積んで地獄に堕ちる者を知恵ある者が殺して高い世界に引き上げるというポアの論理をどこまで認識し、実行に移そうとしていたかは定かではない。何しろ、前述した教団初の信者殺害（信者死亡事件としては二番目）より二年も前の説法であったからだ。

ただ、この説法を聞いた岡崎一明死刑囚は後の裁判で「クンダリニー・ヨーガに向いている人間はそこまで帰依するんだ、そういう人間が本当なんだな、と考えました。（その考え方を）言い過ぎだというのではなく、素晴らしいと思った。そこまでの帰依が本当の帰依だと思った……」と述べている。

また、前述したように、井上嘉浩は「グルグルグル、グルグルグル……」と言いながら教団内を歩き回っていたというから、かなりの影響を受けたことは間違いない。そして、信者殺害事件が主要メンバーに最後の壁を乗り越えさせたと言っていい。

麻原が実行犯となった五人の教団幹部に対して、「お前、グルが人を殺せと言ったら、人を殺せるか」と切り出した時、彼らは「はい」と答えるしかなかったのだ。

前出の岡﨑は別の坂本弁護士一家殺害事件の裁判で、弁護士から「なぜ弟子たちはグルの決定に反発できないのか」と問われ、こう答弁している。

「グルが決めたことにどうして反発できますか。私たちは一生、解脱・悟りを目指すため衆生の魂を救うために出家しているから、生殺与奪はすべて麻原にある。崇高な知恵に対し、私たちのような者がモノを言えるはずがないじゃないですか」

「（家族まで殺すと聞いて）そこで躓《つまず》くのは人間界への執着が残っているからだと。（かわいそうだと）思うこと自体、グルの意思を逸脱する。（中略）悪というより、克服できていないという意味で、未熟だと（恥じる）……」

もっとも信者の首を絞めた新實智光は、犯行後しばらくは激しく動揺していた様子が窺われたため、麻原は《ヴァジラヤーナの詞章》を伝授し、毎日唱えるように指示した。その文言とはこうだ。

《ここに真理がある。そして、その障碍《しょうがい》するものを取り除かなければ、真理は廃《すた》れてしまう。しかし、障碍するものを取り除くとしたならば、それは悪業、殺生となってしまう。私は救済の道を歩いている。そして多くの人の喜びのために多くの人の救済のために悪業を積むことによって地獄へと至るとするならば、それは本望だろうか。私が救済の道を歩くということは、他のために地獄に至っても構わないわけだから、本望である》

これを繰り返し唱えることで、新實は復活した。こうして麻原はさまざまな教えを駆使し、幹部信者たちに繰り返し伝授することで殺人を正当化していったのだ。

信者殺害事件から二か月後、幹部信者たちの動向を慎重に見守ってきた麻原と「神爺」や「長老」らブレーンはこの教えは使えると判断し、一般の出家信者に対する説法にも使い始めた。その説法こそが、前述した「三百人の貿易商の講話」であった。

教団の主要メンバーの中に信者の死亡情報が流れるにつれ、これらの説法が浸透していたせいか、誰もが何となく麻原が亡くなった信者をポアして高い世界に連れて行ったに違いない、と確信していた。

ポアとは必ずしも殺害することや生死にかかわる事柄とは限らない。その相手の人の魂が本来行くべき世界より高い世界へ導くことであり、目前の相手の意識状態を引き上げることも「ポア」と言って、教団で日常的に使うようになっていた。

そうした「ポアの論理」を後押ししたのが「マハームドラーの修行」である。

これは、グルが弟子に苦行を与えたり、無理難題を押しつけ、それを実現すべく努力することによって弟子の精神的な成長を実現させる修行上の仕掛けのようなものだ。

実現不可能な課題を与えられた弟子は大いに苦悩するが、それを乗り越えた時、修行者としての成長や向上があると考えさせ、殺人をも乗り越えるべき修行と思わせることで弟子たちを巧みにコントロールし、凶悪な違法行為に走らせたと見られている。

そのロジックを考え出したブレーンの「長老」は「（財産詐取や脅迫、暴行といった程度の）不法行為に発展するようなものを前提に生み出したもので、殺人まで加わるとは思ってもいなかった」と釈明する。

だが、この二信者死亡事件と三百人の貿易商の説法を境に、オウムの犯罪が急激にエスカレートしていったことは否めない事実である。

陰謀論に利用されて

さらに、人間の生命を救う医師として教団に加わった林郁夫・元教団「治療省」大臣のように、地下鉄サリン事件の実行犯に選ばれながら最後まで躊躇《ちゆうちよ》していた信者にとっては、ポアの論理が犯罪に踏み込む決断を促す重要な教えになったことは明らかだ。

「修行としてサリンをまくのだ、宗教的な意味合いがあるのだと考えると、救われたような気がしました。そして、（まかれたサリンで）死んでいく方も、真理を守ることに貢献することになるのだ、と自分を納得させていました」

自分の仕出かした犯罪を法廷でそう振り返った林は、続けて「マハームドラーの修行」についても、こう説明している。

「良心から言えば殺人は嫌なことですが、そういうことにも心を動かされない修行か、と思う。本質的なところはよく分からないが、（その修行を成就した人は）原始仏教で言う解脱した人、アラハン（阿羅漢）と同じ精神的レベルと考えていました」

こうした言葉からは、慶應大学医学部出身の優秀な頭脳と豊かな社会常識、冷静沈着な性格を持つ林でさえ、洗脳されてしまった様子が窺える。

それもそのはずで、麻原から曖昧な説明を聞いた幹部信者たちは、例えば莫大な予算を費やじ怪しげな武器を製造しようとして失敗したことも、信者の買い食いを禁止していた麻原が自分では好き放題外食している姿を知った時も、「弟子の煩悩を引き出すため尊師がわざとやらせているマハームドラーだ」と考えるようになっていたからだ。

冷静な林も、教団内を支配する「解脱・悟りを得て、世の人々を救済するためなら、何をやってもいい」と高揚する雰囲気に飲み込まれていたようである。

早稲田大学理工学部応用物理学科を卒業、同大学院修士課程を修了し、大手電機メーカーに就職が内定していながら、麻原の勧めで出家した広瀬健一・教団「科学技術省」次官（現・死刑囚）も、こう証言する。

「（地下鉄サリン事件でサリンを散布せよという）指示は、当時の私には苦界《くがい》に転生する人々の救済としか思えなかった。殺人のイメージは全く湧かなかったんです」

罪の意識から逃れるために「救済」を口にしているのではなく、「救済」するために率先して犯罪に手を染めたと言いたかった、と後に自ら述懐している。

当時のオウムは「救済」の名の下で人間の生死さえ掌握しようとしていたが、この「救済」という有り難い言葉の響きと概念は、信者たちの暴走を加速させた。

一九八九年十一月に坂本堤弁護士一家を殺害。その三か月後には麻原以下幹部信者ら二十五人が素知らぬ顔で衆議院選挙に出馬したが、麻原の千七百八十三票をはじめ全員が惨敗して落選した。麻原らはそれを「国家の陰謀だ」と決めつけ、そこから教団の武装化に踏み出したとされている。

即ち、オウムは富士山総本部道場に続き、九一年春から隣の山梨県上九一色村に三十棟ものサティアン群の建設に取りかかったのをはじめ、ボツリヌス菌の培養、化学兵器ホスゲンの製造、プラズマ兵器の製造、核兵器の開発、炭疽《たんそ》菌の培養、VXガス製造……などを幹部信者らに次々と指示。その一方で、ロシアから取り寄せた部品や実弾などを使って自動小銃の大量生産にも乗り出している。

九三年一月には土谷《つちや》正実、遠藤誠一、中川智正の幹部三人（いずれも死刑執行済）を中心に猛毒の神経ガス・サリンの生成を開始した。七十トンという大量生成を目指し、同年十一月に六百グラム、十二月に三キロを生成し、翌九四年二月には三十キロの生成に成功した。

そして、オウムはすかさず、九四年六月二十七日に長野県松本市の裁判所官舎に向けてサリンを散布し、死者八人、負傷者百五十人以上を出した、我が国初の化学兵器を使った無差別テロ・松本サリン事件を起こしている。

しかも、オウムは松本サリン事件の発生から翌九五年にかけて新たに開発した毒ガスや化学兵器を使って、立て続けに四件以上の殺人・殺人未遂事件を起こしている。

九四年十二月の駐車場経営者VX殺人未遂事件や会社員VX殺害事件、九五年一月の被害者の会会長VX殺人未遂事件などで、地下鉄サリン事件後の九五年四月三十日と五月三日、同五日にも地下鉄新宿駅のトイレに青酸ガス発生装置を仕掛けたが、五日に一部が発火炎上しただけで失敗に終わっている。

これらの行動からは北朝鮮のミサイル連続発射と同様に、武力の誇示と社会への恫喝《どうかつ》と同時に、行き場のない不安・焦燥感さえ感じられる。

教団が武装化へ向けて大きく舵《かじ》を切ったのは、一般には九〇年の衆議院選挙で惨敗した翌日、富士山総本部道場での説法がきっかけだったと言われてきた。

《麻原は九〇年の衆議院選挙で惨敗したことから、同年四月頃、教団幹部ら二十数人を集め、「今の世の中はマハーヤーナ（平和的に衆生を救う教え）では救済できないことが分かったので、これからはヴァジラヤーナ（救済のためなら殺人をも許されるという教え。秘密金剛乗）でいく。現代人は生きながらにして悪業を積むから、全世界にボツリヌス菌をまいてポアする。救済の計画のために私は君たちを選んだ」などと言って無差別大量殺人の実行を宣言して以来、ボツリヌス菌の培養、ホスゲン爆弾の製造、プラズマ兵器の製造、核兵器の開発、炭疽菌の培養等を教団幹部らに指示して教団の武装化を強力に推進し、その一環として、サリンをプラントで大量に生成するとともに、多数の自動小銃を製造しようと考えた》（麻原の一審判決文の一節）

しかし、真実は違う。

麻原の最も信頼する側近の一人とされていた中川智正・元教団「法皇内庁」長官（死刑執行済）は、後に法廷でこう語っている。

「そもそも教団が『武器』『兵器』と呼べるようなものを作ろうとしたのは、八九年春からです。村井さんの指揮の下でレーザー兵器を作ろうとしていました」

現に八九年十月、週刊誌で反オウムキャンペーンを展開していた毎日新聞社に対してレーザー兵器を使おうとしたが、赤い豆電球がついただけで何も起きなかったという。

「選挙に負けたからと言って、急にボツリヌス菌の大量培養はできません。バイオ関係の実験室は遠藤誠一（教団「厚生省」大臣）が出家した八八年暮れに、富士山総本部の第一サティアンで既に立ち上げていました」（中川証言）

この事実は、教団の武装化が選挙前から計画されていたことを意味している。

中川証言によれば、麻原はこう言っていたという。

「弟子たちはマハーヤーナが好きだからなぁ。いきなりヴァジラヤーナをやると言っても反対する。だから、選挙に出たんだ」

麻原は年ごとに説法の内容を少しずつ変え、より戦闘的になっていったという。

「八八年は黄色い服を着てヒナヤーナ（個人的な修行）を訴えていました。八九年はマハーヤーナで白い服。九〇年は『ヴァジラヤーナを説くので紫色の服を着よう』と言って、白い服をすべて紫色に染め換えていました」

もっとも麻原が武装化を思い立ったのは雑誌『トワイライトゾーン』八五年十月号に、《修行中に神が降りてきて「戦を用いて理想国を作れ」と命令され、自分の信仰する神に相談したら「その命令を受けるべきだ」と言われた》という話を載せた時だといい、その話を聞いた幹部信者たちは、それを裏付ける供述をしている。

それにしてもなぜ、オウムは暴走したのか。

教祖の叫びや暴走に対して、頭脳明晰、冷静沈着な弟子たちはなぜ抑えることができなかったのか。麻原に叱責されるのを恐れ、あるいは麻原に認められたいとの思いを募らせて暴走を許したとする説は本当なのか。

肝心の麻原が取り調べや裁判で何も語らなかったうえ、元幹部信者たちの法廷証言も自分たちの罪状を少しでも軽くしたいものでしかなかったため、真相は未だに黒いベールに包まれたままである。

私は、麻原が八八年十一月、サリン製造にかかわり始めていた遠藤誠一ら理科系エリート信者と言葉を交わした際のメモを入手した。早い段階の会話ゆえ、信者側の思惑が少ない分だけ真実が多く含まれていると思われるので、ここで紹介することにしよう。

「もし政治というものが一切宗教を禁止し、私たちに従えと力で迫ったら、どうするか」

「お前が持っている知識で、その細菌兵器を作って働けと言われたら……」

麻原がそう尋ねると、遠藤はこう答えた。

「多分、僕は拒否しますね」

「殺されるとしたらどうするか」

「そのまま流されてしまうかも知れません」

遠藤がそう答えると、麻原は「マイトレーヤ（上祐史浩）はどうだ。工学やってるから徴兵制でとって従わせると」と上祐に振った。

「その前に逃げ出したいですね。永住権を取って」

そうした上祐の回答を聞いた麻原は、周囲の信者たちを見回しながら、こう言った。

「三つあるよな。一つは圧力に対して戦う。もう一つは逃げる。もう一つは従う。遠藤はどうだ」

「僕は逃げるかな。（中略）日本はそういう方向になりつつあるんですか」

「間違いなくそうなる。そしたら警察が何人か来るよね。警察を壊しちゃえばいい。警察ごと壊せばいい。本署ごと消しちゃえばいい。ポアしちゃえばいい……」

このやり取りを見る限り、麻原は教団武装化に否定的な姿勢を見せる幹部信者に対し、議論の方向を教団武装化や、暴力による社会の破壊に導こうとしていたことが分かる。

しかも、これらの会話の背後には、国家や社会がオウムの活動を妨害しようとしているという陰謀論がチラつき、麻原がその陰謀論を巧みに利用していたことが教団武装化の一つの要因とも見られている。

信者を誘導するための方便だったという見方も強いが、マスコミがオウムの問題を報じ始めた八九年十一月頃から、説法などで盛んに陰謀論を語るようになったのは事実だ。

出所後の上祐は、麻原が被害妄想を膨らませていたことについて、こう話している。

「麻原が説いた仏教やヨガの修行はいいのですが、陰謀論はよく分からなかった。反教団キャンペーンの根底には、厳しい出家制度に対する信徒の親たちの怒りがあると思えたので、麻原を諫《いさ》めたら、『国家権力、フリーメイソンの陰謀で教団を陥れようとする者が、出家制度が苛烈だから教団が叩かれているというシナリオを作っており、お前はそれに誘導されている。ヤツらが救世主である自分を恐れて、陰謀によって選挙にも落ちたんだ』と叱られました」

「洗脳」が解けたと称する上祐の口調は辛辣《しんらつ》で、被害妄想や誇大妄想的な傾向を示す麻原を「一種の精神的な病理ではないか」と〝診断〟する。

「麻原の性格は、自分が他人にやっていることを他人が自分にやっていると思い込むところがある。自分がサリンを作っているから、教団が毒ガスをまかれていると思い込んでおり、彼が信者に熱弁を振るった陰謀論も、どこまで本気だったのか分からなかった」

こうした話を聞くと、少なくとも教団の武装化が巷間《こうかん》言われているような、理科系エリート信者たちの暴走の産物だけではなかったことが分かるだろう。

九五年三月、山梨県上九一色村の教団施設に向かう高級車の中で、麻原が地下鉄車内にサリンをまく最終決断を下し、同乗していた幹部らに指示を出した、という〝リムジン謀議〟と呼ばれる有名なシーンがある。

同乗していた麻原以外の幹部信者らの供述はほぼ一致しており、検察当局は「一連のオウム事件が教祖の犯罪であることを示す何よりの証拠」としているが、実際はいささかニュアンスが違うらしい。

同乗者の一人が後に明かした証言によれば、麻原は弟子たちに「瞑想して考える」と答えたものの、そのまま寝込んでしまい、結局、車内では何も指示がなかったのが真相なのだという。

教団施設に帰ってから改めて指示があったので、大筋では犯罪事実に間違いはないのだが、こうした〝信じられないようなエピソード〟が随所にあり、まるで「笑い話」のようなシーン（やっていることが残酷過ぎるので、とても笑うわけにはいかないが……）が頻繁に登場するのが一連のオウム事件の特徴なのだ。

しかし、ここできっちりと押さえておかなければならない点が一つだけある。

それは、教団が膨張を続けて巨大化し、ロシアをはじめ海外で暗躍したり、兵器などを購入して強力に武装化していくに当たっては、「神爺」や「長老」といった参謀クラスではなく、〝闇社会の住人〟や政財界の大物などもっとスケールの大きな手助けが必要であった、ということである。

なぜなら、ロシアなどとの強力なコネクションがなければ、怪しげな宗教法人の海外進出などあり得なかっただろうし、第一、信者の財産を奪取しただけでは多額の武器購入費などは捻出不可能であるからだ。

誰が何の目的でオウムに手を貸したのであろうか。

第3章

膨張

オウム真理教所有の旧ソ連製ヘリコプター「ミル17」の内部を捜索する捜査員（静岡・富士宮市 1995年04月08日）
ⓒ時事

CIAが暴いた国家的犯罪

私の手元に、一冊の極秘文書がある。

米国上院政府活動委員会の調査小委員会が、一九九五年十月三十一日から十一月一日にかけて開いた公聴会に提出した百ページ余に上る詳細な調査報告書だ。

表紙に『オウム真理教事件報告書』と記された文書のイントロダクションには、

《報告書の作成には五か月の時間をかけ、日米両国の政府・捜査当局関係者、現・元オウム信者、ジャーナリスト、内外の専門家など合わせて数百人にインタビューした……》

とあり、日本をはじめロシア、ウクライナ、ドイツ、オーストラリアの五か国に調査員を派遣し、現地調査に当たったことを明らかにしている。

その中には各国の捜査資料などに基づいた未公開情報が含まれ、日本の捜査当局も摑んでいなかった情報が数多く盛り込まれていた。何しろ、現・元信者や捜査関係者の生々しい証言はあるし、元教団幹部の早川紀代秀が六年にわたって綴った「早川ノート」など、オウム真理教の全容解明の鍵を握るとされる重要な内部資料まで入手されていたのだ。

この報告書を作成したのはサム・ナン米上院議員（当時）とそのスタッフだが、直接の調査・情報収集活動に当たったのはＣＩＡ（米国中央情報局）であった。

ＣＩＡは当初、オウム真理教に対して無警戒であった。だが、地下鉄サリン事件の発生後、世界の治安維持という観点と、教団の抱く強い反米思想への警戒心から日本政府以上の衝撃を受け、米政府の要請を受け入れて積極的に調査に乗り出していた。

さらに私は米上院に提出された報告書の元資料となったＣＩＡの内部文書も入手した。詳しく分析すると、オウムの活動実態や各国要人、犯罪・地下組織とのコネクションなどが浮かび上がってくるが、本書はそれらの中から、特にロシアをはじめとした教団の海外進出の実態を中心に紹介したい。


オウムがロシアと密接な関係を持つようになったのは九二年二月、当時のエリツィン大統領の側近で、国家安全保障会議のオレグ・ロボフ書記が日本を訪れ、麻原彰晃と会談したのがきっかけだったとされている。

ロボフはエリツィン政権の資金獲得のため、財団法人「ロシア・日本大学基金」を設立して自らロシア日本大学の学長、総裁に就任。同基金への約三十億円の資金援助を求めて来日し、政財界の要人らに要請したが、すべて断られた。

そんなロボフと都内のホテルで会談し、五百万ドルの資金援助を承諾したのが麻原で、最終的に約一千万ドルを送金したとされる。ロボフはこの時、オウムに対して、ロシアに関する最大級の便宜を図ることを約束したという。

実際、同年三月に約三百人の信者を引き連れ首都モスクワを訪問した麻原は、エリツィンにこそ会えなかったが、ハズブラートフ最高会議議長やルツコイ副大統領らと会見し、七月には早くもロシア国内の宗教法人認可を得て、九月にはモスクワ支部開設にこぎ着けている。

また、年間八十万ドルの資金を出してロシア最大のラジオ局を買い取り、布教のための広報・宣伝活動に利用して、瞬く間に三万五千人余の信者を獲得している。

麻原はまず、最高幹部の一人で機転が利き、会話術に長《た》けている上祐史浩をロシアに送り込んで、モスクワ支部長に就任させた。そして九三年十二月からモスクワ市郊外に約六十六万平方メートルの土地を見つけ、道場や病院、学校、アパートなどを建設し、信者のユートピアを作る「ロータス・ビレッジ」計画を推進したほか、モスクワ支部に日本と同じようにビジネス、マスコミ、研究、警備の各チームを編成したり、パスタ工場や衣料品店の経営など商売にも乗り出した。

因みに、この「ロータス・ビレッジ」計画の延長線上に、モスクワ市の東約三百五十キロにあるエリツェ村に教団施設が建設され、オウム真理教が九五年にロシアで活動禁止措置が取られた後も隠れ家として同村の施設が存続したことに繋がっている。

また、後にロシア人信者の被害救済活動をしている「全体主義的宗教から青年を守る会」（会員数百五十人）が九四年六月、オウムを相手取って布教活動禁止と損害賠償請求訴訟を起こした。裁判所は九五年三月二十三日までにロシア各地の七支部に布教活動禁止と資産差し押さえ、銀行口座凍結を決定し執行したが、オウム側はビクともしなかった。

ところで、これだけ短期間にオウムのロシア進出が可能となった背景には、新たに革命政府を樹立したエリツィン政権の資金難問題があり、大統領の指示を受けた在日ロシア大使館のボリゾフ・ニコラエヴィッチ一等書記官（後の経済担当公使。以下ニコライ）が中心となって資金集めに奔走しながらも、うまくいっていない事情があった。

こうしたロシア側の動きに対応したオウム側の担当者は早川紀代秀・教団「建設省」大臣で、九一年秋に日ロ友好関連団体の役員を訪ね、ロシアへのルート作りを依頼したり、ニコライに接触、ロボフに衣料品やコンピュータなど総額五千万ドル相当の人道支援を申し出るなど、早い段階から水面下で活発に活動していた。

これは余談だが、ニコライは第5章で詳述する國松孝次・警察庁長官狙撃事件が起きた時、國松と同じマンション、即ち事件現場に居住しており、旧ソ連の情報機関KGB（ソ連国家保安委員会）の日本代表（大佐）として公安当局がマークしていた人物だった（本人は事件への関与を否定）。

そのニコライの推薦を受けた早川は九一年十二月と翌九二年十二月の二回、前出の日ロ友好関連団体の役員と一緒にロシアを訪問。ロボフの腹心だったロ・日大学基金のアレクサンドル・ムラビヨフ事務局長と会った。

早川はムラビヨフとファックスなどで下交渉を重ね、九二年二月には麻原・ロボフ会談の日程調整をし、ロシア政府の麻原訪ロ承認を得てチャーター機手配までしている。

このムラビヨフは九五年十月、モスクワ北東地区検事局の事情聴取を受け、麻原と面識があることは認めたが、早川とともにビジネスに携わったことは否定した。だが、二人がロボフ来日前に接触していたことは、麻原が九二年一月末に「ロシアのエリツィン大統領との会談が決まっている」と幹部信者に漏らしたことからも明らかである。

この根回しで、オウムはロボフ個人に十万ドルを献金したと言われている。また、エリツィンやムラビヨフにもカネを渡していた（本人たちは否定）と見られており、ロシアの新聞

『イズベスチャ』紙は後に、《エリツィン大統領がオウムから献金を受け、ロ日大学計画にオウムがかかわることを承認し、指示書にサインしていた……》と報じている。

詳細は後述するが、オウムがロシア進出を検討した目的は信者の獲得以上に、教団の武装化であり、特にハイテク化にあったと言える。

最初にロシアを訪問した時、麻原は科学アカデミー物理学研究所所長でレーザー光線研究で知られるノーベル賞受賞者のバーソフ博士や原子力大臣らと真っ先に接触し、麻原自身もモスクワ物理工科大学で二回講演している。

しかも九三年八月末には、モスクワ郊外にあるロシア軍精鋭部隊のカンデミーロフ戦車師団を訪問し、その後、信者が同師団で軍事訓練まで受けている。

このほか、軍事転用が十分に可能な大型武装ヘリコプター「ミル17」をはじめ、戦車、潜水艦、ロケット砲をはじめとする重火器類、自動小銃のカラシニコフなどの武器を購入するための交渉を、水面下で行っている。

山梨県上九一色村の教団施設でマスコミに写真を撮られ、国民に大きな衝撃を与えた軍用ヘリ「ミル17」は、公安当局の調べで、旧ソ連時代のタタール自治共和国（現・タタルスタン共和国）で製造され、同じくアゼルバイジャン共和国で使用されていた中古機であることが判明。ウィーンを本拠地とするロシアンマフィア系企業の仲介で、アゼルバイジャンからスロバキア、オーストリアを経由して九四年六月、オランダのロッテルダム港から横浜・大《だい》黒《こく》埠頭まで海上輸送されたことも分かっている。

日ロ両国の捜査当局は、この軍用ヘリの売買にハズブラートフが関与し、オウムから彼に多額のカネが渡っていると見ていた。ハズブラートフはアゼルバイジャンに近いカフカス地方出身で、九二年三月には麻原とも会談し、オウム武装化の後ろ楯となっていたとされるロシアの大物政治家だ。

一方、オウムは有能な人材の獲得にも余念がなかった。

ロシアの各大学で頻繁にヨーガ教室を開いて信者を勧誘し、特に核研究や化学ではトップレベルの大学を選んでヨーガ教室を開講。モスクワ物理工科大の主任研究員が出家したうえで優秀な学生を数人集めて研究チームを結成し、ロシアの原子物理学の最高機関で世界的に有名なクルチャトフ研究所の研究員の中にも、信者がいたことが判明している。

オウムは有能な人材を狙い撃ちし徹底的にスカウト活動を実施するやり方で、経済混乱で頭脳流出が相次いでいた当時のロシアにあって、彼らの受け入れ先として貴重な存在であったことも事実である。

オウムは当初、モスクワ以外での支部開設を禁じられていたが、実際はロシア第二の都市サンクトペテルブルク（旧・レーニングラード）をはじめ、当時第三の都市だったニジニノブゴロド（旧・ゴーリキー）やウラジオストック、ハバロフスクなどでも支部開設を準備していた。また、ウクライナやベラルーシ、モルドバ、北オセチアの各共和国でも設立準備を進めていた。

こうした準備活動の責任者は表面上、モスクワ支部長の上祐史浩が務めていたが、彼は組織編成や信者獲得、ロシアメディアへのＰＲ活動、日本大使館との連絡調整・交渉などあくまで表の仕事が中心であり、ロシア政府要人らへの根回しやロシアンマフィアとの交渉など裏工作のほとんどが早川の仕業《しわざ》であった。

サリンから核弾頭まで

ＣＩＡの内部文書の内容に戻ろう。

《麻原がロシア滞在中には、常に二十四時間の警護体制が敷かれた。主なボディガードは旧ＫＧＢ第九局出身のショムキン・ミハエルヴィッチ元大佐、ゴルバチェンコ・アレキサンドロヴィッチ元大尉ら四人の将校である。第九局は旧共産党幹部などの要人警護担当部署で、

アレキサンドロヴィッチはゴルバチョフ大統領の元警備担当者であった。これらはすべて、ムラビヨフが配備した》

《九三年十一月、ミハエルヴィッチらが中心となって、オウムの警備会社『オウムプロテクト』が設立されたが、「早川ノート」には「モスクワ支部を守るために警備会社を作った方がいいとムラビヨフのアドバイスを受けた。銃器を持つ許可を得るには、内務省に数十万ルーブルの支払いが必要」との記述がある……》

《『オウムプロテクト』は設立許可になり、ミハエルヴィッチらが幹部として迎えられ、高級アパートが与えられた。ロシアでは認可を受けた警備会社は銃の携行が許され、保証金と引き換えに内務省から9ミリ口径の軍用拳銃マカロフが貸与されるが、認可を受けるには、政府高官へのコネクションと莫大な賄賂《わいろ》が必要である。「早川ノート」にも「セキュリティ二十日後　政府の許可が取れる　費用を出せば↓いくら　二百万ルーブル　武器一丁に四十万ルーブル　二人一丁　9Wのマカロフのピストルだけ　三年間のライセンス　自動小銃も使える」とある》

《九四年のノートにはミグ戦闘機や戦車、ヘリ、魚雷艇などの記述とともに、「細菌学部長であるアノトーリ・アンドレーヴィッチ・ヴォロビオツ　政府の役人であるレーナさんの名

PHP SHINSHO

PHP新書

PHP研究所

学ぶ心

学ぶ心さえあれば、万物すべてこれわが師である。
語らぬ石、流れる雲、つまりはこの広い宇宙、
この人間の長い歴史、
どんなに小さいことにでも、
どんなに古いことにでも、
宇宙の摂理、自然の理法がひそかに
脈づいているのである。
そしてまた、人間の尊い知恵と体験が
にじんでいるのである。これらのすべてに学びたい。

松下幸之助

たのかについては、CIAの内部文書も触れていないが、信者の資産を奪取しただけでは到底間に合わない多額の資金の出所については追々追及していきたい。

ところで、ロシア内務省によると、ロシア国内には当時、大小五千七百ものマフィアが存在し、構成員は約十万人もいた。九三年には約二十二万五千件の凶悪犯罪が発生し、約二万九千人が殺害され、約二万人が行方不明になっており、その大半はマフィア絡みだと言われている。

しかも、殺人でもカラシニコフ乱射など派手な銃撃戦や要人襲撃・暗殺、拉致監禁の末のリンチ殺人、爆破など大がかりな事件が多く、ほかにも企業恐喝、麻薬や銃器・兵器の密売……など凄まじい犯罪ばかりで、オウムのテロ計画の内容と細部までよく似ている点がいささか不気味である。

ロシアンマフィアの特徴は、単なる犯罪組織に留まらず、旧ソ連崩壊で失脚した政府や旧KGB、軍の関係者が加わり、政府中枢とも癒着している点にある。その当時は何と、民間レベルで兵器や軍事技術・情報を提供する犯罪ビジネスが堂々と罷《まか》り通っていたという。それどころか、ついには国境を越えて、核テロの脅威をもたらし始めていた。

実際、ドイツ当局が九四年五月、シュツットガルト郊外で押収したプルトニウムは、モスクワ近郊の核研究施設から持ち出されたものであった。

そのうえ、当時のロシアではマフィアと政治家の癒着は日常茶飯事で、ろくに捜査や追及が行われず、マネーロンダリング（資金洗浄）の必要がないことから、犯罪行為が堂々と行われていたようである。

例えば、スイスに拠点を構える米国人のマーク・リッチは母国で禁錮三百年というとてつもない実刑判決を受けた麻薬シンジケートの大物だが、九〇年代からロシアで暗躍し、石油の横流しなどで巨万の富を築いたとされる。

彼はエリツィン派の政治家に食い込んでおり、その疑惑を報じた反エリツィン派の新聞『ジェーニ』は忽《たちま》ち廃刊に追い込まれ、集めた汚職の資料はすべて当局に没収された。

公安当局によると、早川はウィーンでそのリッチと接触した疑いがあったという。

オウム関連で言えば、ロシアンマフィアの中で忘れてはならないのは極東マフィアの存在だ。ロシア内務省の調査では当時、ハバロフスクに三十一団体、サハリンに五十団体の計一千人のマフィアがいて、ロシア系、中国系、韓国系、北朝鮮系に分かれていたらしい。

中でもハバロフスクとウラジオストックのマフィアは、日本の暴力団との太いパイプを誇っていた。ロシア陸軍出身者の多いハバロフスクのマフィアが関東の暴力団と、海軍の退役軍人が中心のウラジオストックのマフィアは関西の暴力団と強力なコネクションがあり、「原潜以外、何でも手に入る」と豪語していたという。

主要ビジネスは武器と麻薬で、当時の中ロ国境は事実上フリーパスと言われ、早川は頻繁にハバロフスクを訪れ、彼らに接触していたと見られている。

ロシア当局によると、ハバロフスクから日本への密輸ルートは、①空路でウラジオストックに運び、貨物船で新潟沖まで運搬し、日本の漁船に積み換える、②トラックで約三百八十キロ離れたバニーノやソビエツカヤの港に運び、小樽や稚内《わっかない》周辺の漁港まで海上輸送する、③空路カムチャツカ半島に運び、貨物船で網走《あばしり》沖まで運搬して引き渡す――の三コースがあり、早川はサリンや武器を①ルートで密輸した疑いが強いとされた。

九五年十二月、私は巨大な軍港を備えた軍産複合都市サンクトペテルブルクで、ロシアの闇社会で暗躍しているとされるネオナチグループのリーダーに会い、話を聴くことに成功した。彼は九二年と九四年の二回、麻原らオウム関係者と接触したことを認め、早川を武器商人に引き合わせたことを明らかにした。

その後、私は早川と取引した武器商人にも取材することができた。

すると、彼の口からはこんな恐るべき証言が飛び出してきた。

「オウムが買おうとしていたのは、トカレフやカラシニコフなんかじゃない。戦車やヘリでもない。本当に狙っていたのは核弾頭、つまりは核兵器だったんだ。しかも、確か彼らはそれを入手していたはずだよ」

何とオウムは、既に核兵器を保有していたというのである。

さらに私はモスクワで早川の直接の交渉相手、というより早川のロシアにおける右腕的存在であったムラビヨフにインタビューすることにも成功した。

ムラビヨフは「ハヤカワはアサハラの代理人としてよく武器購入や軍事訓練実施の陳情に来ていたと思う」と早川との関係をあっさりと認めたうえで、開き直ったのかこう言い放った。

「我が国では大半の軍事演習場が一般公開され、施設利用・訓練料金さえ支払えば、誰でも利用できるんだ。工場で生産される武器類も国内外で公に販売され、価格表付きでＰＲしている。何も問題はないはずだ」

世界を駆け巡る死の商人

ところで、その頃の早川はいったい、どのように行動していたのか。

ここに法務省入国管理局が作成した早川の九二年一月から九五年三月にかけての出入国記録があるので、まずはご覧頂きたい。

【九二年】
①一月十一日　成田発モスクワ着／二十日　コロンボ（スリランカ）発福岡着
②一月二十三日　成田発モスクワ着／二十八日　モスクワ発名古屋着
③二月十八日　成田発モスクワ着／二十五日　モスクワ発成田着
④三月一日　成田発モスクワ着／六日　モスクワ発成田着
⑤十一月二十八日　成田発モスクワ着／十二月四日　モスクワ発成田着
⑥十二月十二日　成田発モスクワ着／十九日　モスクワ発成田着
【九三年】
⑦一月九日　成田発モスクワ着／十九日　モスクワ発成田着
⑧二月十一日　成田発モスクワ着／二十三日　モスクワ発成田着
⑨五月四日　成田発モスクワ着／八日　モスクワ発成田着
⑩八月二十六日　成田発モスクワ着／二十九日　モスクワ発成田着

⑪十一月二十一日　成田発モスクワ着／二十六日　モスクワ発成田着
⑫十二月四日　成田発モスクワ着／十二日　モスクワ発成田着

【九四年】

⑬一月二十日　成田発モスクワ着／二月四日　モスクワ発成田着
⑭二月十五日　成田発モスクワ着／十九日　モスクワ発成田着
⑮三月九日　成田発モスクワ着／十二日　モスクワ発成田着
⑯三月十五日　成田発モスクワ着／二十六日　モスクワ発成田着
⑰四月四日　成田発モスクワ着／十五日　モスクワ発成田着
⑱七月二十九日　成田発モスクワ着／八月七日　パリ発成田着
⑲八月二十二日　成田発モスクワ着／二十七日　モスクワ発成田着
⑳九月二十四日　成田発モスクワ着／十月七日　モスクワ発成田着

【九五年】

㉑三月十七日　成田発モスクワ着／二十二日　モスクワ発成田着

世界を舞台に働くビジネスマンの中には、もっと数多くの渡航歴を持っている人がいるかも知れない。だが、同一ルートをこれほど頻繁に往復するケースは珍しいだろう。

何と早川は、九二年と九三年に各六回、九四年に至っては八回も、日本とロシアを行き来している。しかも、①と②、⑮と⑯のように、帰国してわずか三日後に再び訪ロといった渡航も多い。

九二年三月は麻原が弟子を引き連れてロシア入りした時だし、九三年二月と五月の二回は、自動小銃製造に取り組む準備のため広瀬健一がロシアに出掛けたなど、後に判明した事実もあるが、早川が何をしようとしていたのか不明なものも多い。

仕事の関係で同一国を何度も訪れるビジネスマンはいるだろうが、⑩や⑮のように事実上、中二日間とか、⑨や⑭のように正味中三日間といった短期滞在が頻繁にあるのは少ないし、⑮のように中二日間しか滞在していないのに、帰国して三日後に再び訪問するような非効率的な出張は、よほどの事情がない限り、会社（の経理）が許さないだろう。

だが、これで驚いてはいけない。

早川はそれらの間に他の国にも頻繁に訪れており、出入国記録にはこう記されていた（訪ロの時期と比べやすいように、①と②の間の渡航は①②としてある）。

【九二年】
②③二月一日　成田発シンガポール着／五日　シンガポール発成田着
④⑤七月四日　成田発バンコク着／十二日　バンコク発成田着
④⑤七月十四日　成田発バンコク着／二十三日　バンコク発成田着
④⑤十月十五日　成田発パリ着／二十五日　パリ発成田着
④⑤十一月十一日　成田発デリー（インド）着／十八日　デリー発成田着
【九三年】
⑧⑨四月二十一日　成田発パース（豪州）着／五月一日　シドニー発成田着
⑩⑪九月二日　大阪発シンガポール着／二十日　シンガポール発大阪着
【九四年】
⑭⑮二月二十二日　成田発上海着／二十五日　上海発成田着

ここでも短期滞在が目立つし、④⑤のようにやはり、バンコクから帰国して二日後には再びバンコクに飛び立つなど不可解な動きが見え隠れしている。

そして、早川は九二年が八十八日間、九三年が七十八日間、九四年が八十三日間、即ち一年間のうち三か月近くは日本にいなかったことになる。

しかも、早川はロシア国内でも一か所にじっと留まっていたわけではない。東端のウラジオストックに出掛け、旧ソ連のウクライナやベラルーシ、アゼルバイジャン、北オセチアなどを飛び回ったかと思うと、ウィーンで目撃されている。まさに神出鬼没なのだ。

彼はロシアをはじめ旧ソ連内で、オウムの基盤整備や人材発掘に加え、主に武器購入に走り回っており、その姿は宗教家というより武器売買に携わる〝死の商人〟に思える。

この渡航記録は、国際社会を相手にしたビジネスマンに勝るとも劣らない分量であり、まさに「世界を股にかけた死の商人」と言っていいだろう。

実際、ロシア当局によると、早川はムラビヨフを通じて国際的な武器商人と接触し、軍産複合体やロシア軍の軍事物資横流しシンジケートに食い込もうとした形跡がある。

また、ロシア以外の国へ出掛けたのは、ウクライナはロケットやミサイル産業が、ベラルーシは電子工業が盛んだが、ともに経済状況が悪く、軍事研究者の月収は百ドル以下であったため、武器はもとより兵器開発システムや核燃料、もっと言えば、有能な研究者や技術者を手に入れやすかったからだと見られている。

早川はこうした交渉や根回しを円滑に運ばせようと、ロシアンマフィアに協力を求めたり、ロシア政府高官などを接待するため、神奈川県内の業者にルーレットやスロットマシンなどを備えた豪華船まで発注していた。

「早川ノート」には、こんな記述もある。

《戦車T72　中古二十～三十万ドル　八年前のもので数百万ドル》

《F29（ミグ29）新品二千万ドル、中古千二百万～千四百万ドル》

《政府高官と接触　武器一つに四十万ルーブル》

これらは、早川が武器調達を目指し次々と交渉している様子が窺える記述だろう。

そのうえ、こうした武器の購入時期と合わせるかのように、オウムは千葉港の船舶管理会社を買収したり、ヘリ発着用甲板付き貨物船を購入する計画を立てていた。

「ロシアのカニ缶やキャビア、台湾のパソコンなどの密貿易を考えていた」とは、早川の捜査当局に対する供述だが、密輸した武器の運搬・保管方法を考えていたと見た方がはるかに納得がいくだろう。

捜査当局が押収した《教団「防衛庁」長官Kのメモ》の中にも、《ロシアからT72戦車を三百台購入して、中国に売却する》との記述があり、オウムが単に武器を買い集めていただけでなく、それをほかの国や組織に売りつけ利益を上げていた疑いが濃厚である。

さらに早川が頻繁に訪ロした理由の一つに、ハルマゲドンに備えたクーデター部隊を養成することもあった。

オウムの信者たちは九四年四月と九月の二回、ロシア軍最強の特殊部隊「スペツナズ」の指導による小銃実射を含む厳しい軍事訓練を受けているが、この訓練ツアーに目黒公証役場事務長監禁致死事件で指名手配された平田信《まこと》（現・服役囚）や、オウムの後継団体で過激派と目されるメンバーが参加している点は見逃せまい。

この軍事訓練とほぼ同じ頃、Kがモスクワ近郊のチェホフ基地で、密かに軍用ヘリの操縦訓練を受けたことも分かっている。

ここで注目しなければならないのは、オウムが九三年十一月にモスクワに設立した警備会社『オウムプロテクト』の存在である。

ムラビヨフが旧KGBのショムキン・ミハエルヴィッチ元大佐とその部下の元中佐に働きかけ、ミハエルヴィッチ元大佐が旧KGB第九局（要人警護担当）の職員二人を誘って設立したものだが、この二人の元佐官はエリツィンの右腕とされるアレキサンドロヴィッチ元大統領保安局長の部下だった精鋭メンバーで、決してうらぶれた失職者ではなかった。

アレキサンドロヴィッチはエリツィン政権の秘密警察組織とも言うべき大統領保安局を設立し、チェチェン侵攻から武器取引まで仕切る〝影の支配者〟と言われており、『オウムプロテクト』は彼の後押しで設立できたと考える方が合理的であろう。

ロシアには当時、旧KGBや「スペッナズ」のOBらが結成した「RFA（ロシア法務機関職員対応基金）」という政府が〝公認〟した警備会社があった。実態は、非合法の諜報活動を代行したり、ロシア犯罪組織の秘密訓練機関として機能し、さまざまなテロ行為を行っており、暗黒組織そのものと言っていい代物だ。そのRFAがアレキサンドロヴィッチの指示で、オウムの活動に全面協力していた形跡がある。

九四年二月と四月、RFA訓練センターでオウム信者四十五人が射撃や破壊工作の特殊訓練を受けている。九四年九月には日ロの若者約百人がRFAの指示で、内務省特殊部隊「アルファ」OBの指導の下、激しいゲリラ訓練を受けている。

ロシア政府はオウム真理教への関与はもちろん、軍部からの武器・毒物の流出疑惑を否定した。ところが、ロシア議会下院のビタリー・ヴィクトロヴィッチ・サビツキー社会運動・宗教団体委員長が「KGBを引き継いだ諜報機関の協力なしには、外国の宗教団体がロシア政界に接近するのは不可能だ」と批判。CIAが調査に乗り出したため、ロシア政府はムラビヨフからの事情聴取に踏み切ったが、何の成果も出てこなかった。

ＣＩＡが早い段階から公式な実態調査に乗り出したのは、オウムの背後にロシアの一部勢力が関与している疑いが強いうえ、ロシア軍化学部隊の隠れオウム信者である兵士がロシア国内に三万〜四万トンあるとされるサリンを持ち出す危険が出てきたからだ。

さらにＣＩＡはオウムの自衛隊員への浸透ぶりに懸念を表明していたが、実際に大量のオウム協力者が現れたことに、日本政府以上に衝撃を受けている。

オウム真理教が自衛隊員を熱心に勧誘した理由は、実行部隊としての即戦力もさることながら、やはりＡ（アトミック＝核）Ｂ（バイオ＝生物・細菌）Ｃ（ケミカル＝化学・毒ガス）兵器に関する技術と情報、生産能力、さらに運用法を指導できるインストラクターの獲得が狙いであろう。

ただ、これらの獲得は下級隊員の勧誘だけでは不可能で、ＣＩＡは防衛大学校出身者を中心とした十数人の中核グループが隠れ信者の中にいるのではないかと警戒していた。

権力闘争と処世術

ロシアにおいてこれだけの裏工作を行った早川という人物は、いったい何者なのか。教団と闇社会が交錯する地点には必ず顔を出す人物で、ＣＩＡも日本の公安当局も、早川が教団武装化の最大の功労者と見ていたのは事実だ。

早川は教団「建設省」大臣として表向きは土地の取得や施設の建設などを担当していたが、実際はオウム関連企業「世界統一通商産業」社長としてオーストリア経由で軍用ヘリを購入し、教団幹部の井上嘉浩ら実行部隊を率いて「裏の司令官」と呼ばれていた。

早川についてはもともと、日本赤軍など過激派の残党とか外国諜報機関のエージェントではないかと見る公安関係者もいた。

公安当局には「教団内には五、六年前から新左翼系の非公然活動家が潜り込み、麻原の健康悪化に乗じて台頭し、教祖直系グループと激しい主導権争いをしている」との情報が寄せられていたし、それが別の「病気で倒れた麻原の後継者の座を巡って教団内でクーデターの動きがあり、その首謀者が早川だ」との怪情報と結びついたからである。

地下鉄サリン事件で、サリン入りの容器を包んだ新聞紙の中に、駅売りしていない『赤旗』が含まれていたことから、左翼系団体との関連を疑う捜査員もいた。

さらに九一年十月、東京・練馬区で開かれた集会の主催者として、共産主義者同盟団体や日本赤軍の関連団体と見られるグループとともにオウム真理教が名を連ね、時を同じくしてオウムが『共産党宣言から真理へ』といった左翼理論の影響を受けた本を多数出版、反米思想を強く打ち出していたことを根拠に挙げる警察関係者もいた。

早川自身、自著『市民ユートピアの原理』の中で、法治国家に対する宣戦布告とも受け取れる主張を繰り広げていたことも、過激派説の根拠となっていた。

一方、外国エージェント説は、早川がロシアなど外国に頻繁に出掛けたり闇社会との接点にいたことから出てきたもので、「過激派の背後に第三国の諜報機関がいて、日本国内での拠点作りや勢力拡大のためオウムを利用していた」（公安関係者）というわけだ。

現実の早川は神戸大学農学部でバイオを学び、大阪府立大学大学院では緑地計画工学を専攻した。七五年に大手ゼネコンに入社したが、建物の居住性や安全性より利潤追求を優先した設計・施工、そして社内の熾烈《しれつ》な派閥抗争に嫌気が差して五年で飛び出し、設計コンサルタントなど数社を転々としてきた。

学生時代の友人によると、早川は理想家タイプのうえ非常に恥ずかしがり屋である。大勢の人の前では赤面して話せなくなり、一人でギターを弾いていたタイプだという。

早川に学生運動歴はないし、捜査当局が押収した早川の書簡やメモ類の中に、オウムとは異なる宗教団体の反共思想を強く打ち出した主張に同調し、絶賛する記述が多数見つかっており、少なくとも左翼活動家ではないようである。

一方で、著書の中には、後に麻原のやり方を批判することに繋がるような文章が含まれており、前出の「早川ノート」にも《トップの者のエゴによりサマナ（出家信者）が使われている》などと教祖批判と受け取られそうな記述が登場する。

麻原の妄想と村井秀夫の狂気がエスカレートし、教団と信者の破滅を予感させる中で綴られたものだけに、彼の胸中に秘められた恐れや懸念、危機感の強さを感じさせる。

「オウムが国家転覆を狙うような団体に変貌した陰に、早川の存在がある」（公安当局）のは間違いないだろうが、早川の素顔や本性は捜査当局や世間で受け取られていたイメージとは少し違っているように見える。


そんな早川が麻原と出会ったのは、ともに阿含宗の信者であった時と言われている。

その頃のことをよく知る阿含宗関係者によれば、麻原は人一倍カネ儲けに対する執着が強く、信者仲間に「今の日本は間違っている」と演説するなど目立った存在だったが、早川は無口でもの静かな青年という印象しかなかった。

二人の仲がさほど良かったとの話は聞こえてこないが、麻原が阿含宗を辞めると早川も後を追うように退会。麻原が「オウム神仙の会」を結成すると早川も入会、八七年に「オウム真理教」と改称する頃には早川は妻と二人で出家し、麻原の側近となっていた。

二人をよく知る元信者は「麻原が宗教ビジネスを思いつく天才なら、早川はそれを具体的にきちんと実行する名参謀。二人でオウムを作ったんです」と打ち明ける。

前章で述べた通り、初期のオウムには麻原を一流の犯罪者に仕立てた老詐欺師「神爺」や、教団の礎《いしずえ》を築いた古参信者の「長老」と元出家の「坊さん」がいた。しかし、教団が武装化するなど暴走し始めた頃には、「長老」と「坊さん」は脱会、脱走していて既にいなかったし、「神爺」も麻原とは一定の距離を置き、近寄らなくなっていたのだ。

こうして離反したブレーンに代わり、麻原の参謀役を務めたのが早川、村井、上祐の最高幹部三人であった。後に洗脳から覚めた元幹部信者や元オウム関係者が捜査当局に供述した話をまとめると、彼らの間で激しい権力闘争が行われた結果、裏の仕事がうまくできない上祐が早々に脱落した後、村井が主に国内の活動と信者統括を担当し、早川が海外の任務を担当するなど棲み分けができた。

というより、村井が麻原の言うことを何でも受け入れたことで、麻原に気に入られ教団ナンバー2の座に就いたため、その下で働くことをよしとしない早川は村井から追い出された形を取り、むしろ進んで海外に自分の活躍の場を見出したと言われている。

早川は経費を湯水の如く使えるトップビジネスマンを気取って、ロシアをはじめとする海外と日本を頻繁に往復し、武器や麻薬などの買い付けに走り回ったとされる。出向いた先々の政府関係者や財界人、闇社会の面々などにどんどん会って商談し、夜は接待と称して大好きなロシアンパブに入り浸ったことは間違いない。

オウムの幹部信者の特徴は、最終判断をすべて麻原が行うため責任を取らない身勝手な行動が取れるところにある。麻原の思いつきのような意味不明の指示に悩むこともあるが、大抵は言われたことさえこなしていれば、あとは自由に行動できた。特に麻原の目が届きにくい海外で活動する早川はやりたい放題だったと、後に信者たちは口を揃えた。

教団内の主導権争いに勝って信者の頂点に立った村井が「知り過ぎた男」として暗殺され、海外に渡って逃げ延びたと見られた早川も結局は死刑となった。結局、「悪は滅びる」しかなかったと言えるだろう。

このように教団内でのライバル同士の出世争いは、ほかにも随所で見られた。

最も熾烈だったのは、サリン生成に成功した「マッドサイエンティスト」遠藤誠一、土谷正実の有望な二人の研究者だ。

遠藤は京都大学大学院医学研究科、土谷は筑波大学大学院化学研究科の出身で、麻原期待の理科系エリートとしてサリンやVXガスなど化学兵器の製造合戦を繰り広げていた。競争相手の成果を気にするあまり、焦りからサリン製造実験を強行して失敗し中毒に罹《かか》ったり、中川ら気に入らない助手を叱責して追い出すなど激しく争い、一時は「第一厚生省」（遠藤大臣）と「第二厚生省」（土谷大臣）に分裂するほどであった。

こうしたエリート信者同士のライバル意識と対立は村井の下で、同じ「科学技術省」次官を務めた東京大学理学部物理学科卒業、同大学院博士課程で素粒子論を研究中に出家した豊田亨と、早稲田大学理工学部応用物理学科卒業、同大学院修士課程修了で麻原直々の勧誘で入信した広瀬健一の間でも繰り広げられた。

これらの競争はどの企業でも見られるものだが、結果を出した四人が地下鉄サリン事件の実行犯に選ばれ全員が死刑判決確定（うち二人は死刑執行）となったのでは、あまりにも悲し過ぎるだろう。

女性信者たちも、教祖夫人の松本知子と、愛人で教団の「女帝」と言われた石井久子の対立をはじめ、爛《ただ》れた男女関係が支配する教団内で、どの女性信者が出世する男性信者を捕まえられるかを競い合っていた。教祖の家族間にも対立関係が生まれている。

また、麻原が最も信頼する側近の井上嘉浩にしても、著名な進学校に在学中にオウムに巡り会ったこともあって大学に進学せず、その学歴コンプレックスが尾を引いて、悶々とした日々を送っていたらしい。

確かに大阪大学大学院の村井、大阪府立大学大学院の早川、早稲田大学大学院の上祐の最高幹部三人をはじめ、前出の「マッドサイエンティスト」たちも高学歴者ばかりだ。

ほかにも、京都大学法学部卒の教団「法務省」大臣、東京大学理学部中退の「車両省」大臣、慶應大学医学部卒の「治療省」大臣、北海道大学文学部卒の「文部省」大臣……など、気がついたら教団内に学歴社会が幅を利かせ、幹部や側近はエリートだらけになっていた。

そして学歴コンプレックスに苦しみ、周囲の幹部をひがんで「辛《つら》いよ」を連発した井上。彼は、自分が麻原に気に入られるには絶対服従し、期待以上の結果を出すしかないと考え、その思いが犯罪にエスカレートしていったのだ。

その井上が九六年十月の法廷では、麻原の呪縛を脱し「かつての弟子の最後の言葉だと思って真剣に考えて欲しい」と大きな声を張り上げ、真っ正面から教祖に異を唱えた。

「当時、あなたはヴァジラヤーナの救済は自分で悪業を積んでカルマを背負うことで救済すると言っていた。それが慈悲の実践であり、キリストの実践であると言っていたのに、どうして今、その信念を語ろうとしないのですか。どうして、今のような（奇声を発するなど不可解な）態度をとるのですか。あなた自身の心の中に『自分は間違ったことをしてしまった。神の道から外れてしまった』という思いがあるのでしょう。現実を自分と切り離して幻影の中に逃げようとしているあなたの態度では、誰一人として救いはしない」

これまで見てきたように、一連のオウム事件では教祖の一方的な指示に対して、教祖に隷属服従する信者たちが心の中では苦悩や葛藤しながら、グルの指示に従わなければならなかったというケースが多かったと思うし、信者たちは皆、そう証言した。

一方では、こんな見方を述べた元幹部信者がいた。九九年八月の法廷で、中川智正・元教団「法皇内庁」長官は、こう〝爆弾発言〟した。

「情報の上げ方で教祖の反応は違ってくる。こう言えばこういう反応があると計算しつつ言っている人はいた。村井さんとか井上や私、林郁夫さん、遠藤さん、新實さん、早川さん。自分に都合のいいように言うことはあったのではないか」

「幹部も悪いのではないかと言われたら、ごもっともです、と言うしかない」

中川は、教団幹部たちが予め計算したうえで自分に都合のいい情報を教祖に上げ、麻原と教団の暴走を助長した面があると言ったのだ。絶対服従を誓ったはずの教団幹部に、平気で教祖に嘘をつく処世術があったことを認めた、大きな意味のある証言であった。

《九五年十一月・戦争》

再び話をＣＩＡの内部文書に戻そう。

オウムはウクライナに貿易会社『マハーポーシャ・ウクライナ』を設立し、兵器や高度情報・通信システムの輸出入窓口にしており、早川も頻繁にウクライナを訪れている。

またロシア政府から解散命令を受けた後のオウムの拠点は、モスクワから南に約千七百キロ離れた北オセチア共和国の首都ウラジカフカスであった。

オウムのウラジカフカス支部は九四年一月、同国法務省の認可を受け開設した。今はこの地でも活動を禁止されているが、実は形を変えて、しばらくは存続していた。

元大学教授のロシア人女性信者が代表となり、五百万ルーブルをプールし、文化・スポーツ基金に登記替えして生き残ったとされており、信者数は約六十人に上った。

ウラジカフカスは当時、内戦下にあったチェチェン共和国の首都グロズヌイから約百十キロと近く、ソ連崩壊で旧ソ連軍が引き上げた際、大量に放棄した武器をチェチェン軍や反政府ゲリラが奪い、闇ルートで売りさばいてきた町で、オウムにとっては武器調達の〝宝庫〟であった。早川は何度もこの町を訪れて、水陸両用戦車や潜水艦まで購入しようとしたし、地下鉄サリン事件当日もウラジカフカスにいたとされる。

このCIA内部文書も《ウラジカフカスこそ、オウムとロシアンマフィア、武器商人の接点である》との見方を採っている一方で、《オウムがウラジカフカスを動かないのは、大事な物を保管しているからではないか》と興味深い予測をしている。

大事な物とはズバリ、核兵器である。

米上院調査小委員会のエーデルマン顧問は一九九六年三月の上院公聴会で、オウム真理教が地下鉄サリン事件を起こす以前に、旧ソ連内で核兵器を購入しようとしていたことを明らかにした。教団幹部が核兵器購入を巡りロシア高官と協議したといい、前述した武器商人の「オウムは核兵器を入手したはず」という発言には根拠があったことになる。

「早川ノート」の九三年のメモには《オーストラリア　ウは確認されない。燃炭ウラン鉱が見つかったら、その下にウランが出る……》とあり、九四年のメモには《核弾頭はいくらか？》の記述も出てくる。これはオウムがウランそのものを採掘しようとオーストラリアなどを物色し、ロシアで核物質を入手しようとしたが、悪徳商人に騙されたり政争に巻き込まれて失敗したことを意味している。

それにしても、早川をロシア政府高官に引き合わせ、武器調達を斡旋《あっせん》した人物は誰か。日本の捜査当局が「オウムのロシアルート解明の鍵を握る男」としてマークし、CIAも注目していた一人が日ロ間の基盤を整備し投融資活動を推進する「会社役員」だ。

彼は大手商社系の対共産圏専門商社に入社、鉄骨加工会社「共和」を巡る汚職事件で起訴された元北海道・沖縄開発庁長官と組んで海産物貿易で活躍し、独立後はソ連貿易にかかわり人脈を広げた。一時は「大統領からマフィアまでコネクションがある男」と言われ、KGBスパイと見られた時期もあった。

この「会社役員」は右翼のドン・笹川良一の対ソ連の窓口であり、ロシア側がロ日大学への投資を最初に依頼した日本人でもあった。「会社役員」は捜査当局の事情聴取に対し「我々の投資活動の時間がかかっている間に、ロシア側が勝手にオウムに接近したため、撤退した。ロシア高官とオウムを繋いだのは別の人物だ」と全面的に否定した。

「もう一人がウクライナ出身の武器商人ヴィタリー・マセンコだ」（公安関係者）

マセンコは在日旧ソ連大使館通商代表部にいた人物で、日本の政財界に人脈を広げた。九一年末のソ連崩壊後も日本に残り、今度は「ウクライナ通商代表部」を名乗って暗躍。早川の紹介で暴力団関係者に武器密輸を持ちかけたり、早川とはモスクワやキエフで度々会っていたという。公安当局は、二人が組んで旧ソ連のハイテク軍事技術や兵器を買い集め、ロシア、ウクライナ経由で北朝鮮に売りさばこうとしていたと見ている。

実際、早川はロシアとウクライナだけでなく、北朝鮮にもロシア経由で十四回以上出入りしていたことを私は摑んでいる（本人は北朝鮮入りを否定）。

ところで、早川は地下鉄サリン事件直前、マセンコから購入した二丁の拳銃をロシアから日本に送っており、その拳銃が警察庁長官狙撃事件で使われた疑いが浮上している。

早川はこの時、拳銃とともに狙撃手も送っていたとの有力情報がある。

その男は元ソ連軍将校で、ＫＧＢにも所属していたことがあるという。射撃の腕は抜群で、体格や顔つきも警察庁長官狙撃現場周辺で目撃された実行犯の男とよく似ていた。

狙撃事件前後の出入国記録を調べた日本の捜査当局も、この元将校らしい男の存在に気づき、男の行動を徹底的に洗った。が、日本国内での行動が全く摑めなかった。

この元将校については、ロシア議会下院議員でキリスト教民主同盟のビタリー・ヴィクトロヴィッチ・サビツキー議長も調査に乗り出していた。彼は下院社会運動・宗教団体委員長で、オウム批判の急先鋒だった。サビツキーは私の取材に対し、こう答えている。

「地下鉄サリン事件の前後、日本から一人のロシア人信者が密かに帰国しているんだ。その男はロシア軍化学兵器部門の将校で、モスクワ市内の自宅に帰り、毒物の専門書を探していたとの証言も得ている。長官狙撃事件直後も同じ人物が日本から出国したことが気になっているんだが……。ただ、あなたが言う元ソ連軍将校とは名前が違う」

この有力情報についてはさらに確認したかったが、サビツキーは何と取材の約一週間後の十二月九日夜、サンクトペテルブルク市内で交通事故に遭って死亡してしまった。

事故相手は逃走。車に同乗していて瀕死の重傷を負った秘書は「議員は殺された」と訴えたが、彼もまた、退院後に消息を絶っている。さらに事故後、サビツキーの事務所が何者かによって荒され、オウム関係の資料などがなくなっていることが分かった。しかも、ロシア政府はなぜか、彼の葬儀の模様を報じようとしたテレビ局に圧力をかけたといい、その模様は結局、放送できなかったのだ。

サビツキーが生前、私に対して強く訴えていた言葉は、こうだ。

「オウムはロシア防諜局の全面協力を得ており、その拠点が『オウムプロテクト』だ。黒幕は大統領側近のコルジャコフという男以外にはない。彼こそ、旧KGBを率いるボスであり、大統領さえ自由に動かせる実力者なんだ」

ところで日本の公安当局と連携していたロシアの捜査当局は、武器商人マセンコの行動を二十四時間監視するとともに、自宅などの電話やファックスを傍受したところ、九五年初夏に私が突き止めた元将校とマセンコの間で恐るべき会話が交わされている事実を摑んだ。

「短時間しか傍受できず、暗号を使用していたので全容解明はできなかった」

といかにも怪しげな前置きをしたうえで、捜査関係者はこう言い放った。

「彼らは単なる狙撃や暗殺ではなく、日本国内でクーデターのようなことをやろうとしていたようだ」

ところで、「早川ノート」の中に、こんな記述がある。

《九五年十一月・戦争》

日本の捜査当局はこれをオウムが九五年十一月に大規模なテロ行為を起こそうと計画し、準備を進めていた決定的な証拠と見て、早川ら元幹部たちを徹底的に追及したが、彼らは重要なことは何も明かさなかった。

ただ、捜査当局が井上逮捕で押収した「井上ノート」には、十一月Xデー計画書と見られる記述があり、その中にこんなくだりが出てくる。

《自衛隊の現役隊員・元隊員のオウム信者約五十人、地下組織に属する信者の特殊ゲリラ要員約二百人を動員。資金援助している一部の暴力団や過激派グループの協力を得て、完全防護着用のゲリラ工作隊で首都を占拠する……》

《新潟周辺に、元ロシア軍特殊部隊の隊員が医師を装って、強襲揚陸艇で上陸する。艦船に事前に乗り込んだオウム幹部が、ロシアの元軍人などで組織されたゲリラ隊と合流して東京へ向かう……》

ＣＩＡのエージェントは、それを「荒唐無稽だ」とは笑えないという。

そこまでＣＩＡのエージェントが危惧する理由は、オウムが実際に武器を購入したり、兵士を育成していたという事実があるからだけではない。

前述したように、早川と交流のあったマセンコの背後には日ロ両国の政治家や暴力団、マフィア、他の宗教団体などの影がチラついていること。さらに早川がヨーロッパを中心に台頭しつつあったネオナチ勢力と、頻繁にコンタクトを取っていたとの情報を入手したこと。そして、上祐のモスクワ支部長時代に通訳を務め、早川のアドバイザーとしても活躍していたロシア人の男性信者が、実は、ロシア側から送り込まれたスパイであることを突き止めたからである。

これが事実とすれば、オウム側はＫＧＢ人脈に食い込み政府首脳まで取り込んでロシア進出を果たしたと思っていたが、現実はロシア側にうまく利用されただけだったということになる。しかも、この元通訳とその後継者は、ロシアオウムの残党の中に紛れ込み、今でもオウムの後継団体の動向を探っているというから、なかなかの強者《つわもの》である。

そしてついに、日ロの暗部を繋ぐ闇社会の「司令塔」の存在が浮上してきた。

ウクライナで蠢《うごめ》く北朝鮮人脈

ウクライナの首都キエフにオウム真理教が設立した貿易会社『マハーポーシャ・ウクライナ』にはオウム独特の服装をした信者はほとんどおらず、旧ソ連共産党幹部からロシアンマフィア、他の宗教団体の日本人信者、朝鮮語を話す正体不明の人々……とさまざまな人々が出入りしている。しかも、会社の経営や専門的な業務は彼らとは別に、日本人商社マンらしき男たちが仕切っているように見える。

ＣＩＡの内部文書は、その商社マンらしき男たちの正体を《東京に本社を置く不動産会社・Ｓ社の幹部たち》と断定している。

Ｓ社は一九九一年六月、広域暴力団・稲川会の元会長（故人）が実質的なオーナーを務める岩間カントリークラブの会員資格保証金預かり証を十億円分も引き受けたことが発覚。監査役を務めていた大物代議士の元秘書（故人）が辞任している。

ところで、旧大蔵省主計局でＯＤＡ（政府開発援助）予算を担当し、九一年六月に四十一歳の若さで退官した人物がいる。この「元官僚」は九五年三月末までＳ社の役員を務めた後、日本ウクライナ文化経済交流協会（日ウ協会）の理事長に就任した。

ウクライナ外務省によると、「元官僚」は九二年、都内でマセンコと接触し、その働きかけで日ウ協会を設立したという。九三年に「元官僚」やＳ社社長が次々とキエフ市でウクライナ大統領と会談し、都内の自社ビルを在日ウクライナ大使館として五年間、無料で貸与する見返りにビザ発給業務を代行したり、モスクワ―キエフ間の航空機発券業務を独占するなどの権利を手に入れた。これら一連の動きの裏側で、Ｓ社はウクライナでの交渉実績があるオウムに協力を要請したという。

さらにＣＩＡ内部文書は、この「元官僚」が北朝鮮ロビイストであると明示している。

《「元官僚」はウクライナの軍産複合体企業出身の政治家と親しく、その政治家を通じてウクライナの軍事技術や兵器、特にロケット打ち上げに関するノウハウを集めることができた。彼はその利点を最大限に生かして、ウクライナの兵器技術者を北朝鮮などに派遣する仕事をしていたと見られる……》

事実、「元官僚」の周辺には、マセンコをはじめ、北朝鮮出身で商社を経営する日本人社長や、モスクワ市のルムンバ大学に留学経験を持ち、九三年からウクライナに住む元会社社長ら北朝鮮人脈が集まっていた。ルムンバ大学は社会主義国の有力者子弟の留学先として知られ、北朝鮮からも多くの留学生が入学しており、元会社社長はそこで北朝鮮人脈を作ったと見られる。早川もその一員であったのだ。

早川はしばしば北朝鮮入りしていたが、その多くはマセンコや「元官僚」と一緒だったことがロシア当局の調べで確認されている。

当初は早川の北朝鮮入りの目的は、ロシアやウクライナ、北朝鮮を飛び回り、ロシア・ウクライナ製兵器を北朝鮮に仲介や斡旋したり、ウクライナの軍事情報、特に核関連情報を北朝鮮に売りつけ、その利益で武器などを購入するためと見られていた。

ウクライナには、旧ソ連の宇宙ロケットや船舶建造のトップ技術のほとんどが集中しており、核兵器開発に躍起な北朝鮮には喉《のど》から手が出るほど欲しいはずである。

「ロシア・ウクライナ製武器の北朝鮮への輸出には、オウムとロシアを繋いだとされる日本人ブローカーや元ロシア大使館高官、在日韓国人バイヤーらが絡んでいるのは確かだ。北朝鮮軍とロシア軍は、ソ連崩壊後も緊密な関係を保っているし、オウムと北朝鮮の接近具合と交流ぶりは要警戒だよ」

在日イスラエル政府関係者は、そう語った。

イスラエルは、北朝鮮がイランなど中東地域にミサイルを輸出していることに警戒を強め、諜報機関「モサド」にノースコリア・セクションを新設したほどである。

因みに、こうした日本人ブローカーや在日韓国人バイヤーの背後で、そのメンバーを仕切ったりまとめたりする役割を果たしていたのが、「司令塔」の男であった。

私は、この闇社会から派遣された「司令塔」の男と、人脈が広く経験も豊富な国際的武器商人のマセンコ、早川をロシアやウクライナ、北朝鮮に結びつけた「元官僚」の三人こそが、「神爺」らに代わってオウムの新しいブレーンに就任した面々だと考えている。

ここで果たして、慢性的資金難の北朝鮮がオウムに多額のカネを払えるのかという問題がある。前出のイスラエル政府関係者によれば、オウムが北朝鮮の自由貿易地区・豆満江《トウマンガン》周辺の土地約百二十万平方メートルを買い占めており、その購入代金と相殺《そうさい》したり、麻薬取引などで現物決済しているのではないかという。

韓国国家安全企画部（当時。略称・安企部、旧KCIA）によれば、北朝鮮は九三年にケシの栽培面積を約四千三百万平方メートルに拡大し、年間三十万トンの生産能力を有しているようである。麻薬の密造・密売は深刻な食糧不足の打開策として国を挙げて奨励されており、外交官ルートを通じて世界各地へ売りさばいているのが現状だという。

実際、北朝鮮は九〇年代から二〇〇〇年代にかけて十年間にノルウェー、デンマーク、インド、日本など二十数か国で三十数件の麻薬絡みの事件を起こし、大使ら五十数人の外交官が逮捕、または国外追放されている。

「それだけじゃない。北朝鮮とロシアンマフィアが結びつき、麻薬や武器の密輸だけではなく、市民拉致から暗殺、核持ち出しまでさまざまな非合法ビジネスを行っているんだ」

韓国安企部（当時）関係者は、そう明かす。

豆満江開発にロシア側から協力している会社は、実は、ウィーンに本拠を置くマフィア関連企業の疑いが強く、北朝鮮商務官をモスクワ経由でウィーンに呼び寄せた際は、モスクワ警察が産業スパイ容疑で国外追放処分にしている。

また、北朝鮮系の金星銀行がロシアンマフィアと共同出資でウィーンに合弁企業を設立したため、オーストリア当局が内偵捜査を始めたり、プルトニウム密輸事件で逮捕した男の所持品から金星銀行が男に一億ドル支払う保証書が見つかるなどしている。

さらに金星銀行絡みでは、同行が米国債券を購入した際に支払われたドル紙幣に大量の偽札が含まれていて大騒ぎとなったり、金星銀行が仲介した金取引でかなり純度が低い金塊が発見され取引停止になったり……と、北朝鮮絡みの商売はトラブル続きであった。

早川は軍用ヘリ購入やロシアンマフィアとの会談のためと称し、再三にわたりウィーンを訪れているが、「真の目的はプルトニウム入手ではないか」（ＣＩＡのエージェント）と言われている。

逆に、北朝鮮訪問は同国が開発中の生物・化学兵器のノウハウを伝授されたり、同国とタイアップして麻薬を密売したりするのが目的と思われる。

《北朝鮮の有力な化学工場は江界、朝州の二か所にあり、毒ガスはサリン、イペリット、青酸など二十種類に及ぶ……》

そう記された米国防省の資料がＣＩＡの内部文書に添付されていたのだ。

ところで、地下鉄サリン事件発生前後の九五年三月十七日から二十二日まで、早川がロシアを訪問していたことは、既に述べた通りだ。

早川はモスクワ市内のホテルに宿泊したことになっているが、実際はキエフ市に滞在し、「元官僚」ら日本人二人の紹介で北朝鮮大使館を訪ねており、そのことはロシア当局も確認済みの事実である。

地下鉄サリン事件もさることながら、オウムへの強制捜査が行われようとしていた時に、早川はいったい、キエフ市内で何をしていたのであろうか。

地下鉄サリン事件当日に分裂か

ロシア当局は早川が三月二十日、航空機二機をチャーターし、ＡＫ74などの武器を満載して、ウラジカフカスからウラジオストックまで飛んだことを、後に確認している。

この時はマセンコもかかわり、途中まで早川と同行していたことが分かっている。

早川は捜査陣を迎撃する教団のため、急いで武器を上九一色村の教団施設に運び込もうとしたか、あるいは教団のアジトのどこかに隠そうとしたと考えた……と思われたが、実際はどの教団施設にも届いていなかった。

飛行機二機分の武器はいったい、どこに消えてしまったのか。そして、早川は何をしようとしたのであろうか。

この行動についてＣＩＡの内部文書は何と、こう記している。

《早川はオウムのために動いていたとは思えない……》

早川と行動をともにすることが多かったマセンコはその後、ロシア治安当局に追われロシアやウクライナを逃げ回っていた。私はモスクワ市郊外のアジトを突き止め、そこでマセンコに直撃インタビューを行った。彼は早川についてこう語っている。

「ハヤカワは素晴らしいビジネスマンだ。私はカネにさえなれば何でもやるが、彼には何か革命を起こし世界を変えてやるといったポリシーがあった。そして武器への好奇心が強く、構造や性能から生産体制、コスト、販売ルートなどの知識、ノウハウを貪欲に吸収していた。ただ、テロリストとしては信念が足りず、逃げ足が早かった。オウムで言えば、信仰心に欠けていたのではないか」

また、麻原や教団幹部をロシア高官に引き合わせたことについては、こう否定した。

「私は単なる武器商人で、具体的な商談で政府や軍の関係者に引き合わせたことはあったが、高官との会談をセッティングできる力は持っていない」

それなら誰が引き合わせたのかとの質問に対しては、こう言って回答を拒否した。

「オウムの周囲に政治家や経済人、宗教関係者などロシアのロビイストは大勢いたし、暴力団など危ない人も多かったが、誰が引き合わせたのかは言えない」

マセンコは早川とはトカレフやカラシニコフ、手榴弾、バズーカ砲などさまざまな商談を行ったが、日本国内に持ち込めないため、拳銃や機関銃などの小型銃器類と、防弾チョッキや防毒マスクなどの取引を行っただけであることを認めた。ただ早川が飛行機二機分の武器を運んだ先に関しては、その行動自体を「ノーコメント」とシラを切り通した。

それでも、マセンコはこんな重要な情報を、ポロッと漏らした。

「九五年三月、ハヤカワと最後に会った時、彼は盛んに『やってられないぜ。もうアサハラにはついていけないよ』と言っていた。アサハラの無茶苦茶な要求と、それを垂れ流してくるムライには相当頭に来ていたようだった。彼はビジネスであちこち飛び回るうちに、革命より商売の方が向いていると思い始めたのではないか。北朝鮮に行くと世界観や人生観が変わるからね。オウムの革命思想の未熟さが身に沁《し》みて分かり、変身したかったのかも知れない。私が『疲れているんじゃないか。少し休んだ方がいい』と言うと、『そうしたいけど、今は休める時じゃないんだ』と寂しそうに笑っていたよ」

そして、マセンコはこう言い切った。

「ハヤカワは身の振り方についてウクライナにいた日本人や、日本でいろいろと指南を受けている人に相談していたみたいだ。私の知人の中に、ハヤカワから仲間にならないかと誘われた者もいたが、オウムの話は全く出なかったそうだ。彼はオウムとは別のグループを結成しようとしていたんじゃないか」

早川は何を考え、どんな動きを見せていたのか。

早川を支持する信者グループのメンバーが松本・地下鉄サリン事件の後、密かに教団を大量脱会していたという事実がある。

公安関係者によると、早川グループの面々はオウムとは異なる宗教団体の幹部と頻繁に接触を図っており、そうした不可解な行動が教団上層部に疑われ、早川がロシアに行って不在の間に一斉に拘束され、激しい査問にかけられていたという。確かにそのメンバーにもスパイと疑われても仕方ない面があったが、この一斉査問の背景には、村井による早川追い落としの策謀が隠されていたと言われ、大量脱会の原因とされている。

「早川は自分と子飼いの信者を守るため脱会し、新しいグループ、つまり第二のオウム帝国を建設しようとしていたのではないか。そこには当然、彼を支援してきた〝闇の組織〟や、彼が生み出した利権を守りたい連中からのサジェスチョンがあったに違いない。早川グループが飛行機二機に乗せて、密かに運び出したとされる大量の武器は、新しい帝国作りのための準備資金か、協力者たちへの報酬に化けたのかも知れない。いずれにしても、この早川の行動はクーデターだったに違いない。その意味で彼は帰国すべきではなかったし、そこに彼の甘さがあった……」（ＣＩＡのエージェント）

教団内では早川グループ以外にも既に、暴走を続ける麻原―村井路線に従《つ》いていけなくなる信者が現れ始めていた。

その契機になったのが九四年二月末の中国旅行だった、と見る捜査関係者が多い。

麻原は引き連れていった八十人余の信者を前に、自分の前身は貧農出身ながら武力で中国を統一した明国の開祖・朱元璋《しゅげんしょう》であったと述べ、「九七年に日本を支配する王になるビジョンを見た。これは神々の示唆であった」と宣言したのだ。

さらに麻原は「二〇〇三年には世界の王になる」と述べ、「真理を仇《あだ》なす者はできるだけ殺せ」とヴァジラヤーナの教義について説法したという。

この時、既に三十キロのサリン生成に成功しており、マスコミのバッシングが強まってきたこともあって、一気に過激な武装化の道を突進し始めるのだが、側近の井上嘉浩でさえ時折、「どうしたら苦しみがなくなるのか。仮面を外した自然な生き方がしたい」と弱音を吐くほど教団内は殺伐としたムードが漂い、本来の経典研究とヨーガの実践を掲げる修行者の顔など、どこにも見えなくなっていた。

そうして教団内の信頼関係が崩れてきていたのを察知したのか、麻原は化学兵器として密造を命じていたＬＳＤを「キリスト」と名付け、飲み物に混ぜて信者に飲ませる「キリストのイニシエーション」を開始した。

次に、そこに覚せい剤を加えた「ルドラチャクリンのイニシエーション」や、教団に疑問を抱いたり脱会を考えた信者に翻意を促すためとする「バルドーの悟りのイニシエーション」「決意のイニシエーション」……と、次第に過激になっていった。

最初は薬に興奮したに過ぎない幻覚症状を神秘体験ととらえ、悟りを開かせる道具として活用していたが、反体制派のチェックや不信を抱いた信者を薬で支配する手段に変化していった。

さらに、戒律を破った者や不都合なことを知った信者にチオンペンタールナトリウムという自白剤にも使われる薬を投与し、電気ショックを与えて記憶を消す〝ニューナルコ〟というイニシエーションまで登場し、教団の良心とされた林郁夫が信者に薬物を入れた点滴を打ち、彼らの頭に電極を当てるに至って、教団に救いの余地はなくなったのだ。

教団の、そして信者たちの心が壊れてしまっていたのだ。

そうした中での地下鉄サリン事件の強行、教団への強制捜査……と続き、教団ナンバー2の村井が刺殺されたことで、一気に教団への不信感が高まった。早川グループのような分派活動が表面化したのもある意味、当然だったのかも知れない。

第4章

封殺

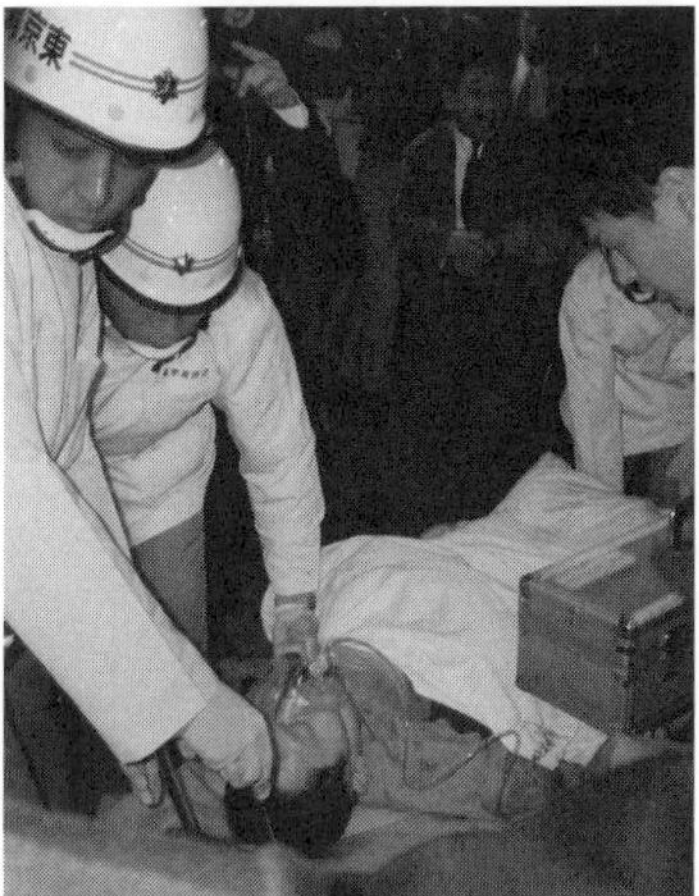

刺されて病院に運ばれる村井秀夫（東京都・南青山のオウム真理教東京総本部 1995年04月23日）
Ⓒ時事

二つの異なった判決

二〇〇七年春、北海道の旭川刑務所から一人の男が出所した。

元暴力団組員のＪ。衆人環視の中でオウム真理教の最高幹部を刺殺する暗殺テロを敢行し、懲役十二年の実刑判決を受けて服役していた人物である。

この日は、大物組長の出所などとは違って出迎える者はなく、ひっそりとした門出であった。だが、Ｊは警察の取り調べや法廷で、「組幹部の指示で刺した」などと黒幕の存在を暴露するかのような言動を取ってきたため、逆に言えば、いつどこで暴力団筋が放ったヒットマンに襲撃されてもおかしくなかった。

結局、Ｊの出所に関しては、何のトラブルも起きなかった。しかし、それは単なる幸運ではなかった。

その理由は、出所したＪが向かった先にあった。そこには、元教団幹部・村井秀夫刺殺事件の真相を明らかにするだけではなく、一連のオウム事件の真実を解く鍵となる事実が潜んでいたのだ。

事件は一九九五年四月二十三日午後八時三十五分頃、東京・南青山のオウム真理教東京総本部（以下、施設名や地名、肩書、年齢などすべて当時）前で起きた。

教団の東京総本部は、幹線道路の青山通りから少しだけ裏道を入った五叉路《さろ》の一角にあった。地下鉄サリン事件の発生後、教団幹部の動向や信者の出入り状況を取材するため、総本部周辺には多くのメディアが二十四時間態勢で張りついていた。また、テレビや新聞などに登場する教団幹部たちの姿を見ようと野次馬たちも集まり、教団施設の周辺は常に人の群れが取り囲む状態が続いていた。その衆人環視の中で事件は起こった。

教団「科学技術省」大臣の村井秀夫（三十六歳）が山梨県上九一色村の教団施設から車で戻り、報道陣に揉みくちゃにされながら正面入り口から中に入ろうとした。

その時、人の波に紛れ込んでいたJ（二十九歳）がカバンから刃渡り二一・四センチの牛刀を取り出し、右手に持って、いきなり村井に目掛けて突き出したのだ。

最初はうまく刺せずに失敗し、二度目は左腕を刺した。続いて力一杯突き刺して右脇腹を深々と抉《えぐ》った後、刃を回転させて引き抜いた。

村井は何とか建物内に転がり込み、救急車で病院に搬送された。が、腹部の刺し傷が肝臓から腎臓に達し、大静脈を切断しており、翌二十四日午前二時三十三分、出血多量のため死亡した。

Jはその場で牛刀を総本部に向けて投げ捨て、駆けつけた警察官に逮捕された。

当初、彼は警視庁の調べに対して、こう供述した。

「テレビでオウムを見て許せないと思い、自分一人で決め、犯行に及んだ。オウムの幹部なら誰でも良かったたし、痛い目に遭わせようとしただけで殺すつもりはなかった」

しかし、この言葉が嘘であることは、直ぐに分かった。

その日、教団総本部には、「教団の表の顔」としてテレビ出演も多かった上祐史浩・外報部長や、青山吉伸・教団「法務省」大臣ら〝よく知られた幹部〟たちが何回か出入りしていたのに、Jは全く見向きもしなかった、という多数の目撃証言が得られたからだ。

さらに、ベテラン刑事はJの必殺の構えと、果敢な実行力を見抜いていた。

「Jは最初から腹を狙い、牛刀の刃を上に向け、いったん深く刺してからねじり上げている。これは内臓をズタズタにして、確実に命を奪う殺し屋特有のやり方だ。しかも、犯行前日の足取りを追うと、親の顔を見に行ったり女を買ったりして、娑婆《しゃば》への未練を断っている。まさに典型的なヒットマンの行動と言えるだろう」

Jは後の取り調べで「三重県伊勢市にある右翼団体『神洲士衛館』に、九四年五月から属していた」と供述。義憤に駆られた自称・右翼青年の犯行であることを装った。

だが、彼が所属するという神洲士衛館は、公安当局の捜査であまり実態のない組織であることが分かった。

九四年十月に政治団体として届け出されていたが、実際は山口組系羽根組組長が実質的に経営する水産会社の社員が設立した団体で、しかも、事件の五日後に解散していた。さらにほとんど活動実績がなく、団体の所在地は羽根組の宿泊施設で、Jはそこに住み込む組の準構成員だった。

Jが山口組系暴力団の関係者だったことから、暴力団による暗殺説が一気に浮上したのだ。

実際、Jは警視庁の厳しい追及に対し一転、こう供述を翻した。

「右翼思想に基づく犯行ではない。私は羽根組若頭《わかがしら》から『オウムはとんでもない悪い組織だ』と、何度も何度も繰り返し聞かされ、自分もその気になった」

さらに彼は裁判では、犯行の経緯をこう証言している。

「羽根組若頭から犯行の三日前に『オウム真理教幹部の上祐、青山、村井の三人のうち誰か一人を包丁で殺《や》るんだ』と殺害を指示されました。『組のためになるんだ』と言われ、今後やくざとして生きていくつもりであるなら受けざるを得ず、承諾しました。当日、野次馬を装って待機していると、上祐らが出入りしましたが、いずれも襲撃の機会を見出せませんでした。その後も待機を続けていると、村井が歩いてくるのが見えたので、牛刀を出して突進したんです」

この言葉の意味は後述するとして、これでよく出所後にヒットマンに狙われなかったものだと首を傾げざるを得ない。Ｊの背後で何が起きていたのか。

Ｊは、犯行はあくまで若頭の指示であったと主張した。

一方、若頭は殺人の共謀共同正犯として逮捕・起訴されたが、調べに対し、「Ｊに『オウム真理教の幹部を刺せ』と命令した覚えはない」と一貫して指示そのものを否定するなど、共謀関係を全面否認した。

殺人罪に問われたＪの裁判で東京地裁は九五年十一月十三日、「背後関係は未だ解明し尽くされておらず、不透明な点が残されていると言わざるを得ない」としながらも「若頭に指示されて従った」というＪの主張を認めた。そのうえで懲役十二年（求刑は懲役十五年）の判決を言い渡した。

Ｊは控訴せず、刑が確定し、旭川刑務所で服役した。

これに対して、一年半近く後に出た若頭の判決は何と、無罪であった。

Ｊの供述は具体的で信憑性が高いと思われたが、残念ながら物証が乏しく、東京地裁は「指示を受けた日に関するＪの供述は変遷していて不自然だ」などとし、「若頭が犯行を指示したことを認めるには合理的な疑いが残ると言わざるを得ない」と結論づけた。

結局、この若頭は九九年三月二十九日、東京高裁で一審に続いて無罪判決を受け、確定している。

自らは素直に一審判決を受け入れて控訴しなかったＪだが、羽根組若頭の裁判では証人として出廷し、一貫して「若頭の指示で村井を刺した」と証言を続けた。それどころか、若頭が自分の面前で堂々と全面否定した際は、もの凄い形相で睨みつけたほどだった。

ところが、そのＪが若頭の控訴審には姿を見せなかった。彼に証言を要請したという捜査員に対して、彼はこう漏らし、証言台に立つことを拒否したという。

「一審で本当のことをすべて話し尽くし、責任は果たしたと思ったが、誰も信じてくれなかったし、刑も軽くならなかった。若頭は娑婆にいるんだ。下手《へた》にこれ以上証言すると、攻撃したと見なされ、自分や家族の命が危ない。自分も出所後、裏切り者として逃げ隠れしなければならない……。すべてにおいて、自分は甘過ぎたんだ」

犯行を若頭が指示したのか否か、事実認定が分かれた二つの判決がいずれもそのまま確定し、実行犯は懲役に行き、若頭は無罪になった。結局、裁判では事件の背景は明らかにされず、依然として謎が残されたままとなったのである。

「ある人が期待している……」

事件の背後に暴力団は存在していなかったのか。

まず、Jの生い立ちから犯行に至るまでの足跡を追うとしよう。

Jは一九六五年五月二十五日、群馬県高崎市で在日韓国人二世（日本名は田中）として生まれた。家庭の事情で東京・足立区に転居し、同区立小・中学校を卒業。都立足立工業高校に進んだが、一年で中退し、解体業者の見習い従業員として働き始めた。

しかし、仕事は長続きせず、印刷会社やデザイン事務所など勤め先を転々とした末に、八六年からは販売促進・企画会社に就職した。そこで真面目で意欲的な勤務態度が評価され、八八年五月にイベント企画会社「イベントダイヤル」の設立に加わり、その後、代表取締役の座に就いた。

この企画会社は後に、何と九〇年二月の総選挙で東京四区から立候補した麻原が選挙戦で使用した張りぼて人形を制作する仕事を請け負っていたことが分かった。だが、いくら調べても、その当時は教団との関係がそれ以上に発展していなかった。

ところが、この会社がバブル経済崩壊で業績が悪化し、九二年十月に総額二千三百万円の負債を抱えて事実上倒産してしまった。

Jは夜逃げ同然で茨城県つくば市の友人宅に身を寄せ、古紙回収業などの手伝いをしながら、かろうじて生計を立てていた。

九四年に東京に戻ったJは、同年五月頃から羽根組組員らと親しくなり、この時に暴力団との接点ができたと言っていい。十一月からは東京・世田谷区上祖師谷《かみそしがや》の友人宅に転がり込み、友人の在日韓国人男性や前出の組員ら数人で共同生活を始めるとともに、友人が経営する金融業を手伝うようになった。

ここで、Jは羽根組幹部や在日韓国人グループと知り合い、彼らの紹介で羽根組の東京事務所にも顔を出すようになった。

この時、同居していた羽根組組員はJの初公判に現れ、傍聴席からJに向かって大声で「頑張れよ。皆で見守っているからな」とか「性根入れてな!」と檄《げき》を飛ばし、裁判長から退廷を命じられている。

やがてJは、伊勢市の羽根組本部事務所に出入りするようになり、件の若頭と出会い交遊を深めていく。行儀見習いとして事務所の雑用や電話番などを務めたり、韓国人ホステスが長期にわたって滞在して働けるように偽装結婚の相手になったり、宅配ヘルス業の手伝いや羽根組組長のボディガード役などを務め、ヤクザとしての実績を積んでいる。

九五年四月、事務所当番を終えたJは東京に戻るが、この時、若頭から犯行を指示されたという。その辺りの事情について、記述が少々細かく、かつ繰り返しの部分があるが、事件の真相を探るうえで重要なポイントになるので、Jの捜査段階での供述調書や検察側の公判資料から検証してみる。

Jは四月二十日、若頭と電話で連絡を取り、東京・目黒区のレストランで食事した際、若頭から「組のために、オウム真理教幹部の上祐史浩、青山吉伸、村井秀夫のうち、誰か一人を包丁で殺るんだ。殺ったらその場で捕まり、『神洲士衛館』と名乗れ！」と言われた。

若頭は準備資金として現金数万円とオウムの記事が載っている週刊誌三冊をJに渡し、「今日から地下に潜《もぐ》れ。オウムの本部へ行って様子を見ておけ」などと指示したうえで、「ある人がお前に期待している」と謎めいた言葉を残したという。

翌二十一日は東京・渋谷で食事や散髪などをした後、父母の顔を一目見ておこうと、久しぶりに足立区の実家に帰った。夕方のニュースで上祐がオウム東京総本部にいることを知り、若頭の携帯電話に「今、上祐が本部にいるので、これから行ってもいいですか」と尋ねたところ、「今日はまずい。明日の夕方、また電話しろ」と言われた。

二十二日午前十時頃、Jはアタッシェケースを持って実家を出発。西新井駅に向かう途中の金物屋で牛刀を購入し、アタッシェケースに入れた。地下鉄などを乗り継いで東京総本部を下見した後、若頭と六本木のレストランで夕食を取りながら犯行計画について打ち合わせをした。

若頭はJに名乗り出る右翼団体の名前を覚えさせるため、店の紙ナプキンに団体や構成員の名前を書き、「警察に捕まったら、このように言え」と細かく指示した。

犯行当日の二十三日午前十時頃、若頭に電話して決行を告げた後、渋谷のホテルをチェックアウトし、午前十一時に東京総本部前に到着。午後一時にコンビニエンスストアでパンなどを買い、午後七時頃、ラーメン店で夕食を取った以外はずっと、総本部周辺で野次馬を装って幹部たちの動向を見張った末の犯行だった。

こうしたJの供述内容は多少の食い違いはあるにしても、ある程度は捜査当局によって裏付けられており、若頭の事件への関与は揺るがし難いと見るのが順当であろう。

Ｊ自身が公判で証拠採用された供述調書の中で、こう述べている。

「羽根組の組員として、若頭の命令に逆らえないと思った。しかし、若頭の私利私欲のために利用されたのか、と疑念が生じている。若頭が自ら指示したことを否認しているのは許せない。事実を隠しては人間として後悔するから、指示されたことを話す気になった」

ただ、判決は紙ナプキンの一件などを例に挙げ、《人に知られたくなく、証拠を残したくない者が取る言動としては目立ち過ぎ、信用できない》として、Ｊの供述の信用性に疑義を唱え、若頭は無罪となったのである。

実行行為を伴わない共謀共同正犯を立証する場合、物的証拠が少ないケースが大半で、実行犯の供述に頼りがちになる。捜査当局は確実に供述の裏付けを取り、物的証拠や他の証言と結びつけたり、背後関係を明らかにしていかなければならず、その面で捜査が十分ではなかったことは否めないだろう。

しかし、教団自体が暴力団との繋がりを持ち、特に両者の関係にＪが絡んでくるとなれば、話は全く別ではないか。オウム真理教には、警察当局が明確に把握している分だけで少なくとも、二人の暴力団幹部出身者がいた。

一人は名古屋市出身で、北海道の暴力団を経て、六〇年代に山口組の全国制覇の先兵として各地で抗争を繰り返し「殺しの軍団」と恐れられた旧柳川組に入った。そして、柳川組解散後は幾つかの組を経て名古屋市で自ら組を率いるまでになった男Nだ。

竜に乗った観音像の刺青《いれずみ》を全身に彫り、拳銃の腕が抜群とされるNは八四年に拳銃密売で実刑判決を受け、八七年三月まで広島刑務所で服役したが、服役中にオウムに入信した妻の勧めで、出所後の八八年に彼も信者となった。

教団では早川の下で、主に地上げなどの土地取引やトラブル処理を担当し、九五年頃からは拳銃や実弾、手榴弾などの武器を買い集めたり、組出身者を中心に〝戦える信者〟を勧誘するなどの地下活動に転身したとされている。

捜査当局もNが九二年に都内で五回にわたり、複数の暴力団関係者から中国製トカレフや米国製回転式拳銃を約二十丁と手榴弾約二十個を買い集めていたとの情報を入手し、捜査に動いていた。

Nは逮捕直前、東京・赤坂にある山口組系暴力団の企業舎弟が経営する会社事務所に潜伏し、暴力団組員の車に乗ってテレビ局に向かうなど暴力団とかかわりがあったことを、捜査当局は確認している。

もう一人は教団「諜報省」で井上嘉浩の指示で暗躍したり、改造銃を調達したとされる暴力団幹部Hである。

ただ第1章で指摘したように、麻原彰晃自身が九州から上京して「オウムの会」（後の「オウム神仙の会」）を設立する前に、大分県別府市の山口組系暴力団総長宅に身を寄せ、後に詐欺師、そして新興宗教教祖になるためのアドバイスを受けており、暴力団との接点は当初からあった。

前出の「神爺」らを麻原の元に送ったのも大分の総長と言われており、オウム真理教と浅からぬ関係にあった暴力団が村井の口封じに動いた可能性は否定できまい。

また、麻原が阪神・淡路大震災直後、山口組の最高幹部らと会ったのとほぼ同時期、Jは若頭らと一緒に山口組総本部を訪ねていた。

もし、その時にJや若頭と、麻原はじめ教団幹部との間に接触を図った痕跡があったとすれば、村井刺殺事件の真相は全く違ったものになってくる。

知り過ぎた男

村井はなぜ殺されたのか。逆に言えば、誰が村井の死を望んだか——という疑問点は、事件発生から二十年以上経ち、現場で逮捕された実行犯が刑務所を出所した現在も、謎に包まれたままである。

村井が教祖の麻原彰晃の側近中の側近で、地下鉄サリン事件をはじめ教団の主要な犯罪のほとんどに関与したうえ、「教団武装化のすべてを知る男」と見られていたことは、教団関係者はもとより、捜査員やマスコミなどの間では「周知の事実」であった。

そうした村井の存在感は、オウムが一連の事件を起こして警察当局の重大な捜査対象となる以前から、教団内外でその発展または存続の鍵を握る人物として注目されていた。


村井は一九五八年、神戸市で生まれた。大阪大学大学院で宇宙物理学修士課程を終えた優秀な科学者であったが、大企業の研究部門に就職した後、「オウム神仙の会」時代の八七年四月に入信し、二か月後には出家した。

村井は麻原の説くハルマゲドンの予言を信じ、その言に無条件に従って教団の武装化計画を立て、平然と部下の信者たちに荒唐無稽な指示を出し続けた。教祖の指示は何事であっても「やります」とか「三日でできます」と請け負い、何回失敗してもひたすら目標に向かって努力を重ねる村井の姿を、麻原は「修行者のあるべき理想像」と高く評価して寵愛し、彼は弟子の中でも特別の存在となった。

麻原からすれば、科学知識を含めて広範な知識を有する村井は貴重な情報源であった。それゆえ村井に対する信頼は厚く、彼だけが多額の教団資金を自分一人の判断で動かせる立場にあったし、麻原の指示、特に犯罪絡みの指令のほとんどが村井を通じて実行為者に発せられるなど常に教団の最高幹部として、あるいは犯行の実質的な最高指揮官として大きな権限を有していた、と言っていいだろう。また修行者としても、彼は「尊師」に次ぎ弟子の中では最高とされる「正大師」の地位を与えられていた。

村井は兵器製造から武器密輸、覚せい剤密造、偽ドル作り、原子力プラント開発まで教団の非合法ビジネスの多くに責任者または指導・監督する立場でかかわったとされる。

村井は八九年四月以降、CSI（真理科学研究所。後の教団「科学技術省」）の部下だった信者たちに、費用的にも技術的にも実現不可能と思われるものを含めて〝怪しげな兵器〟の製造を数多く命じた。

例えば、炭酸ガスレーザーやフッ化水素レーザー、レールガンなどの製造をはじめ、ボツリヌス菌プラント、イニシエーション用のリチウム電池、多足歩行ロボット、飛行船、ホバークラフトからガンダムロボット、UFOなどの製造・開発まで、多彩でユニークな仕事だった。だが、部下たちは彼がどこまで本気で製造しようとしているのか、本当にそれらを使う気があるのかと真意を測りかねていた。

これら常識外の指示内容と真剣な態度というギャップが堂々と共存し得たのは、村井が常識にとらわれない「心底からの科学者」であるというイメージに加え、村井があくまで麻原の指示という大義名分を掲げて自身の意思実現を図ろうとしたからであった。

村井はもともとイメージの世界でいろいろな物を構築し、それを現実の世界でどう実現するかを次々と実行することに快感を得るタイプの人間だった。常軌を逸する発想であっても必ず現象化できると信じて疑わない考えの持ち主であり、出家前に勤めていた会社はそうした性向が祟《たた》って辞めざるを得なかったという。

何しろ村井が信奉していた人物は、クロアチア生まれの「狂気の天才科学者」と言われたニコラ・テスラ博士だった。テスラは高周波高電圧変圧器などを発明してノーベル賞候補になった科学者だが、一方で殺人光線やプラズマ兵器など超兵器開発の先駆者でもあり、影響を受けた村井は教団内でもそれらを製造しようと考えたのだ。

また、村井は盛んに「フリーメーソンによる攻撃に違いない」と言及していたが、そうした陰謀史観もテスラの影響を受けたものであり、わざわざユーゴスラビアに行ってテスラの足跡を辿り、陰謀史観の研究をしていたほどである。

ところが、村井は自己顕示欲が強いうえに口が軽く、特にメディアの前では饒舌《じょうぜつ》になって、教団を代表して出演したテレビ番組や記者会見で、教団にとって致命傷になりかねない発言を連発してしまった。それが、彼が殺された直接の原因であるとの見方が強かったことは紛れもない事実である。

教団が「米軍の毒ガス攻撃だ」と一貫して説明してきた（もちろん教団の信者以外は誰も信じてはいなかったが）サリン製造プラント周辺の異臭騒ぎについて、「農薬を生成しようとして失敗した」と口を滑らし、公衆の面前で異臭の発生源が教団であることをあっさりと認めてしまった。

また、テレビの出演中に自らサリンについて言及し、サリン製造に使った特殊な金属や薬品類の名前を明かし、その存在を認めて「農薬製造用だ」と強弁したり、「地下鉄サリン事件で使用されたのはサリンでなく、別のガスである」などと教団の犯罪を立証しかねない不用意な発言を連発。「オウムが使えるカネとして、教団の総資産は一千億円ある」と口走るなど軽率な言動が目立ち、危うい面が多過ぎると周囲を苛立たせた。

こうした村井の発言を知った麻原が激怒し、特にサリンに関する発言がオウムの犯行を立証しかねないとあって、暴力団に依頼してヒットマンを派遣し村井の口封じをしたのではないか――という謀殺説が最初、最も有力視された。

麻原はじめ教団中枢が、教団幹部から犠牲者を出すことで世間の目を欺《あざむ》き、捜査の攪乱《かくらん》を図るとともに、動揺する信者の気持ちを引き締め、繋ぎ止めるなど〝一石三鳥〟の効果が期待できると考えた、という見方もあった。

いずれにせよ、村井秀夫はオウム真理教にとって極めて危険な〝知り過ぎた男〟になっていたのである。

「我々は、麻原の指示がほとんど村井を通じて伝えられていたことに着目した。そのため『村井は取り調べで論理の矛盾を突けば、必ず落ちるタイプ』だと見て調べる方針を持っていた。麻原も村井が一連の犯行を自供することを恐れていたし、彼の口を塞げば、自分の容疑、特にサリン事件は立証できないと考えた可能性がある。麻原はすべての罪を村井に被せて、自分だけ助かろうと悪あがきしたのではないか」

警視庁幹部は、そう解説をする。

「オウム教団関係者が不動産会社社長に数億円の現金を渡して村井の殺害を依頼し、その社長が若頭に二億円を出して殺害させた」

そんな証言を行う暴力団関係者が現れるほど、教団内部犯行説の信憑性が高まった。なぜなら村井が刺殺された時の状況が、教団内部に協力者がいなければ成立しないことを窺わせたからであった。

東京総本部では通常、信者たちが深夜でも自由に出入りできるように、地下一階のドアを二十四時間開けてあるのだが、事件当日に限って施錠されていて、村井は仕方なく正面入り口に回って襲撃されたのである。

これは教団内部の人間、しかもドアの施錠を決める権限がある幹部級が予め地下のドアを施錠しておいた、と見るのが合理的であろう。

さらに報道陣が村井の後に続くため、最初は地下への階段付近に殺到する動きを見せたのに対し、Ｊは正面入り口付近から全く動いておらず、地下のドアの鍵がかかっているのを知っていた可能性があることだ。

また、村井が死の直前、救急隊員に「ユダにやられた」という言葉を漏らしたという事実がある。これはストレートに解釈すれば、教団内部に何らかの権力闘争みたいなものがあり、村井と反する勢力の意を受けた事件の協力者がいたことを示しているのではないか、と言っていいだろう。

もっとも瀕死の村井に付き添って救急車に乗った上祐は後に、その発言を「実は、ユダヤだった」と修正した。

オウムがユダヤを敵視し、何か起きるごとにユダヤのせいにしてきたのは事実だし、村井自身、教団への攻撃を「フリーメーソンの仕業」と言ってきたのは確かだ。が、具体的なトラブルが起きたわけではなく、村井がそうした見方を鵜呑みにし、死ぬ間際に遺言のように口にするとは考えにくい。

それに、村井刺殺事件後に見せた上祐の異様なほどの怯え方から見ても、村井がもっと具体的な言葉を漏らしたと考えるのが順当であり、むしろ「ユダ（裏切り者）」の方が通じるような気がする。

上祐は慌てて「もういい。しゃべるな」と村井の口を塞いだとされており、嘘をついた可能性は捨て切れないが、実はその時、村井がある団体の略称を叫んでいたのを、複数の捜査関係者が聞いている。

その団体とは、その後の捜査当局の調べで、教団幹部の早川や北朝鮮の息がかかったメンバーとかかわりがあることが分かっている。

また、東京総本部前にいた警備担当の教団出家信者がJの存在に気づいて村井を守ろうと動いた時、近くにいた誰かに羽交《はが》い締めにされたという証言もある。

この証言は事件からかなり時間が経過してから出てきたものだが、信者の話では「牛刀は自分の尻を掠《かす》って村井に達しており、羽交《はが》い締めにされず自由に動けていたら、村井は刺されずに済んだはず」と悔やんでいたという。

これらの話から、村井刺殺事件は教団もしくは教団と関係する組織による「口封じ」の目的があったのではないかという見方がすっかり定着した。

ただ、教団内では逆の見方をするメンバーもあった。

東京総本部周辺にはいつも警備担当の警察官がいるし、村井には動向を監視・警戒する公安調査官が付いているはずなのに、事件の時だけ誰もおらず、刺されてから慌てて警察官が現れた。しかも捜査当局は次々と教団幹部の逮捕状を取り、指名手配したりしているのに、「オウムの闇」を解明するキーパーソンである村井の捜査は後回しにし、彼に関する証拠収集をあまり進めて来なかったとの印象が強い。そこに警察の悪しき意図を感じざるを得ないとの主張は合理的と言えなくもない。

つまり、教祖の犯行を立証しようとするあまり、麻原の言動をよく知る側近中の側近である村井の存在とその証言が邪魔になった者＝警察当局の陰謀ではないか――との説が飛び出したのだ。

もし、村井が「事件はすべて自分が首謀したもの。尊師の指示と偽って実行犯たちを騙した」と言い出したら、一連の事件、特に地下鉄サリン事件などで麻原の罪が問えるかが微妙になってくる。

「そう村井に言わせないために、当局が陰謀を巡らせて殺したのではないか」

警察当局への不信感を抱く一派は、そう反論するわけだ。

麻薬にドル偽造、パチンコ利権

それにしても、この村井刺殺事件ほど数多くの陰謀説が飛び交い、警察当局が裏付け捜査に走り回り、証拠収集に翻弄されたものはないだろう。

主なものを整理すると、こうなる。

①麻薬・覚せい剤製造をオウム真理教に委託して莫大な利益を上げてきた暴力団が、村井の軽口で犯行が発覚することを恐れての口封じか、はたまた覚せい剤の一部を横流しししたり自前で流通させて組の傘下を離れようとした村井を排除した――という暴力団説。

②教団と組んで偽ドル作りや核武装化を企てた北朝鮮の工作員が、国家ぐるみの犯罪の発覚を恐れ、責任者暗殺で証拠隠滅を図った——という北朝鮮関与説。

③ロシアや北朝鮮における闇ビジネス利権を巡って、ロシアンマフィアや他の新興宗教団体と結託した教団幹部と激しい権力闘争を繰り広げた末、それに敗れた村井が粛清された——という教団内権力闘争説。

④オウム真理教とパチンコ利権を巡って、背後の大物政治家の抑止力が働いた——などの政治家関与説。

⑤一連の事件の黒幕的存在である麻原の共謀共同正犯を立証するためには村井の存在が邪魔とか、村井が生きていると第二、第三のサリン事件が起きる可能性があり、それを阻止するための方策として当局が仕組んだ国家謀略説。

⑥「どの説も確たる証拠があるわけじゃない」と懐疑的だった上祐史浩が新たに「私はオウムによる自作自演の可能性があると感じている」と発言したことに端を発した自作自演説。それは麻原が地下鉄サリン事件の三日後、「神々が、この教団の弾圧は一か月後に終わることを示している」と予言し、その一か月後に村井刺殺事件が起きている。麻原の予言的中を実現するため行われたのではないか、という考え方だ。

このように主なものだけでもこれだけあり、どれもバカバカしい説に思えるが、意外にも具体的な根拠などがあるため、一笑に付せない恐ろしさがある。

例えば、村井は麻原の寵愛をいいことに九三年頃から独断専行的行為が目立つようになり、多額の教団資金を使って数多くの機械を購入しながら何もせずに野ざらしにしたり、同年四月にロシアに行き、ジェット戦闘機を造る計画の下、数十万ドルのソフトを購入しながら活用しないなど、かなり身勝手な浪費ぶりを見せた。

こうした行為には、さすがに従順な部下たちも首を傾げ始め、特に教団内では信者や協力者からお布施を集めている道場関係者の怒りを買った。村井の計画に付き合わされて、散々振り回された早川ら幹部たちからもあからさまな批判が起きた。

早川が四月に麻原に対して「村井が教団施設に残したビニール袋が強制捜査で発見され、サリン製造の証拠となった」と告げ口するなど、村井とライバル関係に当たる幹部たちは村井の足を引っ張る工作を強めており、村井が狙われる原因を作ったと言えよう。

村井は逆らった部下に逆さ吊りの修行をさせて死に至らしめたことがあり、一見優しそうに見えて冷たい性格で、教団内では、「どこか狂っているんじゃないかと思っている信者が多かった」（林泰男の供述）という。

村井は家族との絆を断ち、妻とも離婚して出家。教えを忠実に守って酒や女を全く寄せつけず、ストイックな生活を送り、信者から「頭の切れは抜群だが、崇高過ぎるうえ、思い込みが強過ぎて寄りつき難い」とも見られていた。

ライバルの早川が両親のために家を建て、出家後も連絡を取り合い、子飼いの信者をスナックに連れて行ったり、麻原の無理難題に平気で「やってられんよ」と漏らすなど極めて人間臭く、信者たちから「おやじ」と呼ばれ、慕われていたのとは対照的であった。村井を支持し支援する勢力は意外と少なかったのかも知れない。

ライバルより大きな手柄を立て、その陰で足を引っ張る。そうした出世競争や権力闘争は企業のそれと同じである。

ところで、Jは北朝鮮ともかなり以前から関係していた。

まず、Jは在日の北朝鮮出身者たちが都内で開いていた主体《チユチエ》思想研究会の一員だった。どうやら、小さい頃に一時期通ったことがある朝鮮総聯系の初級学校の同級生らに誘われたのが、きっかけだったらしい。

また、Jが九四年十一月から東京・世田谷区の貸家で共同生活を始めた在日朝鮮人である友人の父親が朝鮮総聯幹部だったため、その縁で再び北朝鮮人脈とかかわりを持つようになったという。

しかも、Jが犯行直前まで住んでいた家の所有者である在日韓国人女性が経営する韓国クラブで、八二年七月から八三年五月にかけてレジ係として勤めていた彼女の元義兄（姉の内縁の夫）が北朝鮮の大物スパイ・辛光洙《シンガンス》であったのだ。

韓国国家安全企画部（当時）の捜査資料によれば、辛光洙は一九二九年、在日朝鮮人の五男として静岡県で生まれ、家族とともに一時帰国して朝鮮戦争時には北朝鮮側の義勇軍に参加した。その後、ルーマニアのブカレスト工業大学に留学し、六〇年に卒業してからは帰国して科学院機械工学研究所に勤め、結婚して一男三女をもうけた。

五二年に労働党に入党し、優秀な活動実績を挙げ、七一年に対南工作員に抜擢された。スパイ教育を受けた後、七三年に日本に密入国し、東京などで在日同胞をオルグする活動などに従事。八〇年には日本人コックを宮崎県の青島海岸に誘い出して、工作員とともに工作船で北朝鮮に拉致し、以後は自身がそのコックに成り済まして活動していた。

日本と北朝鮮の間を六回にわたり密出入国を繰り返した挙げ句、八五年二月、ソウルに潜入したところを安企部に逮捕された（後に政治的配慮から釈放され、北朝鮮に戻って、英雄視されている）という凄腕スパイである。

辛や義妹らが勤めていたクラブには北朝鮮関係者と見られる人物が出入りしていたうえ、朝鮮総聯幹部だった友人の父親の周辺には何と、次章で詳述する警察庁長官狙撃事件で名前が取り沙汰された北朝鮮人民軍偵察局員らしき人物が登場してくるというのだ。

オウムとの非合法ビジネスにかかわり、村井の態度に不信感を抱き、教団との関係や資金ルートを隠蔽するため、村井を殺害しようとしたのではないかと見られている勢力の中には、暴力団やロシアの軍産コネクションなどとともに北朝鮮の名前が登場する。Jは直接、北朝鮮工作員と関係があったのだろうか。

「Jの生い立ちから犯行までの足跡を辿ってみると、高校を中退後に一時、行方が分からない時期が出てくる。本人はもとより肉親や友人、知人らを事情聴取してもはっきりしないし、公式には海外に出た形跡もないんだ。この間、彼が何をしていたのか。その後で彼が韓国、そして北朝鮮の若者たちと親しくなっていることも気になるところだ」

そう話すのは公安関係者。こうも言う。

「その後の調べで、オウムは単に麻薬や武器を金で買っていただけではなく、日本の重要資料、例えば自衛隊員の信者から入手した軍事関係資料や、電力・建設会社関係者の信者から手に入れた原子力発電所関係書類などを北朝鮮に売却していた疑いが出てきたんだ。こうした重要書類を収集する責任者は村井だったが、彼はある意味では教団の海外折衝を担当していた早川以上に、オウムと北朝鮮とを繋ぐキーパーソンだった可能性がある」

早川や上祐がロシアに去った後、村井は暴力団との交渉から北朝鮮との窓口までほとんどすべてを一手に引き受けており、どこから狙われても不思議ではなかったことになる。

「村井の事件に関係するものはほかに、三十兆円とも言われるパチンコ利権があり、暴力団、北朝鮮、警察に続くのはやはりパチンコしかない。早川が教団内で失脚した後、その危ない接点役を務めたのが村井だったんだ」（暴力団系企業舎弟）

オウムとパチンコ――という次元の違いそうな両者に接点があったのは驚きだった。

警察が当時進めていたパチンコの換金合法化に対し反対運動を展開してきたという都内にある政治団体の代表の周囲にはなぜか、オウムに連なる人物が多数顔を見せる。

その代表を崇拝するというコンサルタント氏は、教団顧問弁護士だった青山が頻繁に電話をかけ、何事につけても相談していた人物だった。

彼らの周りには、故・金丸信や中曽根康弘といった大物政治家たちをはじめ、早川とロシア、北朝鮮を繋げたとされる日本ウクライナ文化経済交流協会理事長のM、中国米密輸事件で逮捕されたF社社長、そしてパチンコ業者を支援し早川の北朝鮮入りをサポートしたとされる北朝鮮系実業家らの名前がゾロゾロと登場してくる。

「パチンコ業界には新型台の開発・販売競争に加え、プリペイドカードの発行、脱税による巨額な闇資金調達……など、利権がふんだんにあり、永田町の先生方が見逃すわけがない。警察としても風俗、交通と並ぶおいしい分野だし、有力な天下り先でもあるから離しはしない。もちろん、カネの臭いに敏感な悪党どもが群がるのは当然だ。玉の換金をＩＣカードで制御する事業にはあのイトマン事件の面々が絡んでいたし、九二年に射殺された住友銀行名古屋支店長は新たな融資先としてパチンコ業界に手を突っ込み、トラブルになったと聞いている」（公安関係者）

かくして、暴力団から北朝鮮、政治家などオウム周辺で浮上する怪しい人々には具体的な接点が存在し、疑わしき点が山ほどあったのである。

悔し涙の「沖田総司」

さて、Ｊの活動歴から村井刺殺事件の背景事情に迫るアプローチに戻ろう。

小学校時代の同級生だった羽根組組員と再会し、その紹介で同組幹部と知り合って都内の組事務所を経て、伊勢市の羽根組本部事務所に顔を出すようになったＪは、そこで順調にヤクザの実績を積んでいった。

宮崎県の右翼出身で自ら食いっぱぐれて羽根組に身を寄せた若頭は、そこから努力してナンバー2まで上り詰めた男だけに、若い頃から苦労してきたJを可愛がった。

このようにJは明らかに羽根組組員であったが、羽根組とオウム真理教との接点がなかなか見えてこない。

一時は、教団が山梨県上九一色村の化学プラントで製造した覚せい剤を山口組の直系組織が密かに仕入れているとの情報があり、羽根組とのかかわりが徹底的に調べられた。しかし、山口組の他の組や東日本の暴力団の中には疑わしい組織が浮かんだものの、羽根組が覚せい剤取引に乗り出した形跡は全く見られなかった。

組長の羽根悪美は長年、山口組三代目組長・田岡一雄のボディガード兼個人秘書として田岡邸に住み込み、三代目の身の回りの世話を務めてきた人物だった。同時に三代目のためなら生命を的に戦う武闘派であり、一九七五年九月の大阪戦争では敵対する松田組組長宅にパトカー越しに銃弾三発を撃ち込んで田岡に気に入られ、七六年十月に弱冠二十五歳で異例の直系組長に抜擢され、「山口組の沖田総司」と呼ばれた。

「三代目が『おーい』と呼んだだけで何をして欲しいか分かるし、どんな雑用でも嫌がらずにこなすので、姐《あね》さん（三代目夫人）にも可愛がられとった。親分が車に乗る時は必ず助手席に座り、部屋で寝ていれば、隣の廊下に影のように従う。文句も自慢も口にせず、いつでも黙って弾避《たまよ》けになる覚悟ができとった人や」（組関係者）

三代目組長の田岡は麻薬・覚せい剤嫌いで有名で、組員の麻薬・覚せい剤取引を禁止していた。そんな田岡に心酔し薫陶を受けた羽根が、覚せい剤取引に手を出すわけがない、というのが暴力団関係者の一致した見解である。

「羽根組長は田岡組長の親衛隊的存在というのが誇り。昔気質《かたぎ》で金儲けはうまくないし、少数精鋭主義で自分の組を大きくしようとか、シノギを増やそうという野心が全くない。だから、オウムと繋がるわけがないんや」（元山口組系組長）

羽根組長夫人がJと同じ在日韓国人で、彼らを可愛がっていたことは事実だし、自分でやっていた宝石の仕事の取引先にオウムの関連会社があったというが、その程度の繋がりで教団最高幹部の暗殺という仕事が舞い込むわけがない。

そこで気になるのが、Jの供述調書に登場する「若頭の私利私欲」発言だ。Jは、若頭が羽根組長以外の何者かに依頼され村井暗殺を請け負った、とでも言うのだろうか。

「確かに当時、羽根組に多額の資金を貸して焦げついていた暴力団の組長が企業舎弟を通じ、その若頭に『借金を棒引きしたうえ、別に一億円の報酬を支払うから、村井を始末してくれ』と依頼したとの情報が流れた。覚せい剤密売や信者の資産処分を巡ってオウムと揉めた暴力団は数多くあり、裏付けが取れればイモづる式に逮捕できると期待したが、どの組も当初はいい金づるになると見込んで黙秘し、最後は強制捜査が迫ってヤバいからとなかなか尻尾《しっぽ》を摑ませなかった」

と暴力団担当刑事。こうも言う。

「山口組では関東に進出した系列組織で作る『関東親睦会』が中心となり、オウムとの腐れ縁を絶つなどの名目で、密かに村井排除を話し合っていたことはあったようだ。羽根組も会の一員で仕方なかったのではないか。関西が主流の五代目執行部は（東日本の仕切りは）あまり頼りにならんので、事後承諾の形で無理やり認めさせたらしい」

そうした組織の中で最も力が入っていたのが、静岡県に拠点を持つ武闘派で、山梨県の教団施設近くでも勢力を誇示していた暴力団G組（〇八年に解散）である、というのが捜査関係者の共通した認識である。

G組関係者はこれまで、オウム真理教との関係を頑強に否定してきた。

しかし、オウム真理教が教団施設建設のため熊本県波野村（現・阿蘇市）の土地を取得しようと動いた時、断固拒否の姿勢を示した地主側は地元暴力団に対応を要請し、その組長が教団に乗り込んで「波野村から手を引け」と迫ったことがあった。

ところが教団側は懇意にしていた暴力団の幹部を交渉の場に派遣し、地元暴力団と協議した結果、地元で絶対にトラブルを起こさないとの条件付きで教団の波野村進出が決まったのだという。

この交渉時、教団側の暴力団として現れたのが前出のG組で、これは村役場や県警が既に確認している事実である。

「あの頃、G組は大手新興宗教団体の本山造営に絡んで総額一千億円以上という巨額な土地取引や建設工事、トラブル処理というダーティービジネスに入っており、警察や世間の目を自分たちに向けさせたくなかったんだと思うよ。そこで警察の目をオウムに向けさせるため羽根組によるオウム攻撃を依頼し、ドサクサに紛れてG組とオウムとの関係を熟知している村井の口を封じようとしたのではないか」

と元警視庁幹部。これこそが当時の村井刺殺事件の捜査方針なのだという。

この事件についてJは若頭がカネを貰って企てた私的な犯行ではないかと考え、「私利私欲」と供述した、との見方が強かった。が、この事件は羽根組、いや山口組全体が納得ずくで断行した凶悪犯罪だったに違いない——と、この元警視庁幹部は言うのである。

ただ、この程度の話では三代目組長を信奉する昔気質の羽根組長を説得することはできないはずだ。羽根は小柄で物静かな紳士に見えるが、筋が通った武闘派だけあって、怒り出したら誰も止められない激情型の人間であったからだ。

羽根組を支えた最強組織

羽根組は一九九五年五月、組員がオウム真理教にかかわったことの責任を取り、羽根組長が引退し、組を解散することを決めた。

山口組は九四年四月、オウム真理教と一線を画すため、系列組織内の信者の有無を調査し、入信者がいた場合は直ちに組を除名するか、教団を脱退させるように指示した通達を出していた。

だが、五代目執行部のオウム真理教への対応は甘く、教団とかかわりのある系列組織は後を絶たなかったし、引退した羽根組長も、しばらくは若い衆を伴って活動していたほどだ。

通常は、犯罪絡みなどで引退・解散した場合、本部から直ちに除籍や破門などの処分が出るのが普通だが、結局、何の処分も出なかった。

これは結果的に、村井刺殺に羽根組長自身がかかわり、山口組五代目執行部の意志が反映された行動であることを示したのと同じであった。

羽根組長は三代目組長に対する献身的な世話役ぶりと、七五年から勃発した松田組との大阪戦争での激闘ぶりで知られるが、もう一つ、ベラミ事件以降の三代目組長狙撃犯・鳴海清に対する執念深い追跡劇も名高い。

ベラミ事件直後から約四か月間、羽根組長は自ら地下に潜り鳴海を探し出すだけでも大変なのに、大阪府警に殺人未遂容疑で指名手配され、逆に追われる身でもあった。「報復禁止」を打ち出した三代目組長の制止を振り切っての追跡劇だけに、公式には組の情報も入手しにくい状態だ。

そんな羽根を支えたのは、「ベラミ」で同席していた弘田武志組長が率いる弘田組（後に山口組六代目組長の出身母体・弘道会となる組織）の若い組員たちであった。

村井刺殺事件が起きた九五年は、山口組にとって「五代目体制は脆弱《ぜいじゃく》で、水面下は群雄割拠の状態であり、極めて微妙な力関係が支配していた」（大阪府警の暴力団担当刑事）と言われる。山一抗争が終わり、経済ヤクザ全盛期を迎え、山口組を事実上牛耳《ぎゅうじ》っていたのは五代目若頭の宅見勝・宅見組組長であった。

だが、五代目組長の渡辺芳則をはじめ、そうした宅見に実質支配された体制に密かに不満を抱く直系組長も多く、武闘派の雄・中野会による九七年八月の宅見若頭射殺事件は、山口組内で燻《くすぶ》っていた権力闘争が火を噴いたものと言っていいだろう。

もう一つの動きは五代目執行部に関西を拠点とする組織が多かったため、東京進出を狙う面々に不満が鬱積し、分派活動を予感させる動きが出始めていたことだ。

その代表がG組である。オウム真理教の利権を巡る暴力団の争いは、現実にはその東日本勢が中心であり、五代目組長を支える山健組など関西勢は概《おおむ》ね無関心であった。

そんな中で起きたのが村井刺殺事件だった。狂気を振りまきながら暴走し始めた教団とのトラブルは、主にG組など東京勢が直面し対応した。そしてトラブル解消のための強攻策の実行犯役には、抗争による長期の服役でバブル経済の波に乗り遅れ、信奉する三代目組長の死で衰退しつつあった羽根組に象徴される古い武闘派組織が選ばれたのだ。

「弘田組（後の弘道会）は羽根組長を〝後押し〟することで上り調子のG組に歯止めをかけ、指導力を発揮できない五代目執行部にも恩を売り、睨みを利かせたと言っていいだろう。その結果、五代目組長を引退させ、G組を解散に追い込んだ弘道会は我が世の春を迎えたわけだ。まさに山口組の内部抗争に完全勝利したと言っていい」（警視庁幹部）

その弘道会は今、闇社会のトップに君臨しようとしている。

その後、山口組は大きく二つに分裂し、それは弘道会の強引な組織運営や人事、カネの取り扱いへの不満から起きたとされている。そして神戸山口組側が組織運営から資金面、精神面まで強力に支援を求めている人物は何と、かつて山口組六代目組長の手で組を解散に追い込まれ、現在は引退してカンボジアで農園や養鶏場などを営む元G組組長だった。


最後に辿り着いた場所は……


さて、二〇〇七年に出所したJは、どこに向かったのか。

彼はまず、かつて仲間だった在日韓国人社会に飛び込んだ。しかし、居心地のいい同胞意識の裏側で犯罪者を見る冷たい視線を感じ、一週間で去った。

次に、彼は高校中退後に参加した主体思想研究会のメンバーを訪ねた。イデオロギーというよりも、参加者たちの熱気あふれる姿を思い出したからだ。

若者やOB、OGたちは温かく迎えてくれ、Jはなぜか癒された気分に浸ったが、かつて手厚い指導を受けた男性実業家が現れ、彼の家に身を寄せてから生活は一変した。

Jはそこで、規則正しい生活と徹底的な思想教育を施されたのだ。

「実は、この実業家は要注意人物だった。在日韓国人の若者を密かに北朝鮮工作員に養成する朝鮮総聯の人間で、Ｊは危なかったんだ」（公安関係者）

男はＪを北朝鮮の工作員に仕立てることしか考えておらず、それに気づいたＪは慌てて逃亡した。そのまま男性実業家の下で生活を続けていたら、正真正銘の北朝鮮工作員になっていたのは間違いないだろう。

Ｊはかつて羽根組に入った頃、あまりの心地よさに感激し、同級生だった組員に対して「自分は社会の落ちこぼれで権力闘争が嫌で逃げていた」ことを告白し、組の自由な雰囲気と仲間たちの必死さ、純朴さを讃えていた。

しかし、Ｊはヒットマンに仕立てられることで、組織に利用され、使い捨てにされた。結局、同じような過ちを繰り返す人間が辿り着く先は、地獄でしかないのだ。

旭川刑務所を出所して自由の身になったＪが、またも逃亡の末に辿り着いたのは、弘道会系関係と見られる組織が運営する団体の建物であった。

出所後、Ｊはどこにいても差別が付きまとうことを知ったといい、「これまでの自分は組織に守られてきたし、また、特定の組織に守られる以外に生きる道がなかったことを痛感した」と知人に漏らしている。

それではJは再び、組織の手で利用されるだけではないのか。

顔見知りの企業舎弟を通じ私は団体側にJへの面談を申し込んだが、返ってきた答えは「そういう人物がいるかいないかも含めて、何も答えられない」と冷たいものだった。

Jは出所から五年後の二〇一二年、雑誌『週刊朝日　緊急増刊7月15日号』の取材に、「この事件はもう判決が出て終わっている。今も話せないこともある。だが、僕が事件を起こしたのは、最終的には『個人の憤り』です」

と回答。Jの主張は「自分は単独犯で背後関係はない」の一点張りだったが、記事を読む限り、村井刺殺事件の真相が明らかになったとはとても言えなかった。

J自身、刑務所の中でオウムや村井についていろいろなことを考えたと言うが、「その思いをここで今、整理して話すことは難しい」

と心境を吐露している。

これでは村井刺殺事件の真相が明らかになることはないだろう。

第5章

迷　宮

國松警察庁長官狙撃事件・現場となった自宅マンション（東京都・荒川区 1995年03月30日）
ⓒ時事

異例の捜査結果公表

二〇一〇年三月三十日午前零時。一九九五年の同じ月日に起きた國松孝次・警察庁長官（当時）狙撃事件の公訴時効が成立した。

警視庁公安部は同日付で、被疑者不詳のまま関係書類や証拠を東京地検に送致するという「時効送致」の手続きを取った。時効成立前の送致も選択肢の一つとしてあったのだが、公安部は最後の一瞬まで諦めずに捜査したことを強調したかったのだろう。

その思いと言おうか妄執と言うべきか——公安部は時効の翌日、治安国家の捜査機関としては異例というより、まさに前代未聞の行動に出た。

《警察庁長官狙撃事件の捜査結果概要》と称する文書を警視庁のウェブサイトに掲載したのだが、その内容が何と、公安当局がこれまで調べてきた「元警視庁巡査長らオウム真理教の信者たちが長官狙撃事件を起こした犯人である疑いが限りなく強い」などと主張した捜査報告書で、教祖の麻原彰晃はじめ九人の信者名がアルファベット（麻原だけ実名）で登場する代物だったのだ。

その報告書の《結論》部分には、はっきりとこう記してある。

《本事件は、教祖たる松本（智津夫＝麻原彰晃のこと）の意思の下、教団信者のグループにより敢行された計画的、組織的なテロであったと認めた》

何とも明確に言い切った文書だが、この事件で警視庁は訴追するのに必要な客観的証拠を収集できておらず、状況証拠を集めただけの「疑惑」を堂々と公表したのである。

いくら疑わしい人物がいても、犯行を裏付ける証拠がなければ逮捕・起訴できないことは誰もが知っている論理だ。当然、検察当局は被疑者を特定した書類送検を拒否したが、後に記者会見を開いた青木五郎・警視庁公安部長は「公益性が勝ると判断した」と堂々と胸を張って弁明したのだ。

「世界に誇る捜査機関」である警視庁が、このように司法手続きを全く無視した暴挙に出たことは、単に人権上大いに問題があるというだけでは済まされない。

仮に将来、この文書に記されたオウム信者以外の犯人が自首して来ても、オウムの犯行と断定した警視庁はまず捜査ができないことになるからだ。

だが、この公表に猛反対する東京地検に対し、公安部はこう言って突っぱねた。

「これは警察としての判断であり、警察として責任を取るということです」

警察の威信か。公安当局のプライドか。それとも捜査員の執念がなせる業《わざ》なのか――。

そうした思いは分からなくもないが、この職権濫用を絶対に認めるわけにはいかないし、国民が納得することなどあり得ないだろう。

「この行為を受けて教団側が民事訴訟を起こしたら、裁判の行方は微妙なものになるだろう。最低でも麻原ら幹部たちの死刑執行を延ばさざるを得まい」

そう言って心配する検察幹部に向かって、公安部幹部はこう言い放ったという。

「それなら、民事裁判の場で真相を明らかにすればいいじゃないですか」

こうした我が物顔の高圧的な姿勢こそが公安当局そのものであり、長官狙撃事件を迷宮入りさせた根源と言っていいだろう。

「無差別テロ事件の捜査中に自分たちのトップを狙撃され、その後も捜査ミスを重ねた警察当局は、事件の解決よりミスの隠蔽に力を注いでいるとしか思えない。『オウムの闇』の多くはその辺りに問題が潜んでいるに違いない」

一連のオウム事件の捜査に協力したCIAの調査官は、警察庁幹部にそう語った。

その意味で、公式にはオウム事件で唯一の未解決事件となっている警察庁長官狙撃事件を解明することは、「オウムの闇」に迫る早道であり、何より解決策だと思われる。

約二十一メートル先から三発命中

しとしとと降り続く小雨を切り裂くように、突然、銃声が響いた。

一発の銃弾が背中を貫いた。

その瞬間、國松孝次・警察庁長官（当時）には銃弾が背に命中したという認識はなかった。だから近くにいた秘書官（警察官）に「拳銃だ」と呟いて、前のめりになりながら、二歩ほど前に進んだ。

しかし、力を失ってよろめき倒れそうになった時、初めて背中辺りに刺すような激痛が走り、撃たれたことが分かったという。

その時、二発目の銃弾が発射され、國松の左大腿部後部から右大腿部側面を貫通した。國松はたまらず背中から地面に叩きつけられた。


事件は一九九五年三月三十日午前八時半頃に起きた。

東京都荒川区南千住六丁目の自宅マンション「アクロシティ」Eポート（棟）西側の通用口付近で、出勤のため公用車に乗り込もうと歩き出した國松は、何者かに銃撃された。

警察庁長官は歴代、千代田区一番町の長官公舎に居住するが、國松は警視庁公安部長時代に購入したマンションに住み続け、長官就任後もこのマンションから通っていた。

「アクロシティ」は荒川沿いに建つ高級マンション群で、居住棟七棟に加え、マーケットスクエアと呼ばれるショッピングエリアやスポーツ施設を備えた一つの巨大なマンション街である。居住者用の一般駐車場はすべて地下に設置されており、國松を迎えにきた公用車は護衛の覆面パトカーとともに、正面玄関に近い路上で待機していた。

通常なら最も車に近い北側の正面玄関から出るのに、一階でエレベーターを降りた時、左側の通用口に秘書官が立っているのに気づき、何気なく通用口から外に出てしまった。

秘書官はマンション周辺でオウム真理教のビラが配られ、一週間ほど前に黒い服の男が近くに立っていたことがあったため、不審な動きがないか見回っていたという。

狙撃手は西隣に建つFポートの南東角にいた。

通用口から出た國松は結果的に狙撃手に近づいてしまい、後の事情聴取でこう語った。

「さぁ、撃って下さいという場所を歩いてしまった。なぜそうしたのか自分でも分からないが、人間は時には不可解な行動を取るものなんだ」

狙撃手は二〇・九二メートル離れた場所で、右足を植え込みに乗せ、壁に左肩を押し当てて、ゆっくりと國松に照準を合わせた。

「ドーン」

という音とともにリボルバー（回転弾倉式拳銃）から発射された弾丸は、國松の左後方に付き添う秘書官の右腕付近を掠め、國松の背中の正中線《せいちゅうせん》から二・五センチ左から体内に入り、腎臓を貫通し、組織を破壊しながら鳩尾《みぞおち》から体外に抜けた。

二発目の銃弾を足に受けて倒れた國松に覆い被さるようにした秘書官は「長官！　大丈夫ですか」と声をかけながら、上司のズボンのベルトやスーツの襟首を摑んで引きずり、物陰に退避させようとした。

國松が仰向けで両膝を立てた瞬間、大音響とともに三発目の銃弾が発射され、弾丸は陰嚢《いんのう》外側後面から体内に入り、腹腔内を動き回って器官を切り裂いた。國松は体に着弾した瞬間、思わず跳ね上がったほど衝撃を受けた。

秘書官は國松の身体を何とか、高さ約六十センチのコンクリート製植え込みの陰まで引きずって隠したが、植え込みの陰に到着した時、四発目の銃声が響き、バチッと音を立てて植え込みのタイルの角が弾け飛んだ。

この秘書官は、全国の警察本部から選抜され警察庁に登用された「準キャリア」と呼ばれる優秀な警察官（警視）だった。この時も秘書（警察）官として当然の務めとはいえ、我が身を銃弾にさらすなど危険を顧みず、長官の身の安全を図って果敢に行動している。

それに比べて、通用口から北へ十五メートル離れた区道に停車していた長官専用車両の運転手と、その約十メートル前方に停めた警視庁南千住署警備課の警戒車両の三人の警察官は一瞬、何が起きたのか分からなかったのか、動きが極めて鈍かった。

國松が「あまり目立つような警備を止めて欲しい」と要請していたこともあって、うち二人は車内で待機するなど警戒態勢が緩かったことも災いした。そのため、銃声を聞いた三人が現場に駆けつけた時には、秘書官は國松の身体を引きずって正面玄関前まで来ていたし、狙撃手と見られる黒いコート姿の男は、黒っぽい自転車に乗って猛スピードで同マンション裏手の広場を抜け、西のＪＲ南千住駅方向へ走り去った後であった。

後に特別捜査本部が周辺住民や通行人から収集した目撃情報によると、狙撃手の男は年齢三十～四十歳、身長百七十～百八十センチでやや痩せ型だった。

また、逃走中の犯人を目撃した管理人の証言では、男は周囲に縁がある黒っぽい帽子を被り、濃紺または黒色の膝まであるロングコートと黒っぽいズボンを着用していた。そして、顔にはやや大きめの白いマスクとメガネをかけていたという。判明した人相や着衣はたったこれだけであった。

同マンション「アクロシティ」Ｂポート三階に住む当時五十代の主婦は「ドーン」という大音響を聞いてベランダに出たと言い、こう証言している。

「ベランダから下を覗いたら、Ｆポートの南東辺りで筒が長くて十数センチはある拳銃のようなものをＥポート方向に構えた男の姿が見えました。それから『ドーン』『ドーン』という銃声が一定の間隔を空けて聞こえたんです」

これら目撃者たちの中には自転車の男を追いかけた人もいたが、警察官が追跡した形跡はなかった。なぜなら、三人の警備担当警察官は狙撃犯と銃撃戦を繰り広げるどころか、ろくに目撃すらしておらず、追跡などできるわけがなかったのだ。

以上が、私の取材ノートと後に入手した捜査資料などに基づいて再現した事件発生当時の現場状況だが、犯人がまんまと警察の裏をかき、恐ろしいほど冷静に犯行に及んだことが分かる。ただ、その恐ろしさが証明されるのは、もっと後になってからだ。

腹部などに三発の銃弾を受けた國松は、事件から約二十五分後には救急車で文京区千駄木の日本医科大学付属病院に運ばれたが、到着時には既に心停止状態だった。

左背部や左上腹部など全身七か所に銃創が確認され、約三千ccの出血があった腹腔内はまさに血の海と化しており、どれが射入口や射出口か分からない有り様だった。

先端が凹型に削られギザギザが入ったホローポイント弾は、標的に命中した途端、先端の孔《あな》を中心にキノコ型に反《そ》り返る形で広がり、裂傷面積を拡大するという「マッシュルーミング現象」を起こす特徴がある。そのため、大動脈をズタズタに切り裂き、胃や大・小腸、腎臓、すい臓などの臓器を広範囲に破壊していた。

國松の場合、手術中に何回も意識が途切れ、心臓への電気ショックによる蘇生を何と、六回も行っている。

そして、人間の全血液量の約二倍に相当する一万cc余を輸血したものの、一時は血圧が計測不能になるほど極端に低下し、何度も失血性ショックによる危篤《きとく》状態に陥るなど、まさに長時間にわたって生死の境を彷徨《さまよ》っていた。

「荒川消防署の救急隊員が機転を利かせ、医療設備が整っている日本医大の高度救命救急センターに搬送しなかったら、おそらく助からなかったでしょう」

病院関係者は、そう断言する。

その救急隊員も当時を振り返って、こう明かす。

「秘書の方から『國松警察庁長官です』と聞かされた男性の肌着は、腹の部分が真っ赤に染まっていて、まくり上げると直径一センチ以上の銃創が見えました。顔は青ざめ、意識は朦《もう》朧《ろう》として唇も白くチアノーゼの症状が出ていました。そして、声をかけても反応がなく、脈を測ろうにも拍動が伝わってこないんです。最初から極めて危険な状態にあることは一目瞭然でした」

実際、國松の手術は六時間以上に及び、一命を取り留めたのは奇跡と言っていい。

その時の手術・治療記録を要約すると、手術はまず、主な出血場所である腹部大動脈を圧迫止血すると同時に縫合した。次に、胃の表裏に貫通銃創があったため、ここでも壊《え》死《し》した組織を切除して縫合している。

さらに小腸の損傷部分約二十五センチを切除し、人工肛門設置、腹膜縫合、左腎臓摘出、すい臓の脂肪壊死部分切除……と神経を使う手術が連続して行われていた。

「大動脈を損傷して助かった人は十人に一人」（担当医師）と言われた難手術であった。

事件から三か月半経った七月十一日、無事に病院を退院した國松が、

「いきなり後ろから撃たれて、『ひきょうなり』と感じた。一発が背中から前に抜けたのが分かった。地面に倒れて『やられたなぁ』と思った。痛みは感じなかったが、その後、腹も

撃たれ、救急車を待つ間、『これはやばいなぁ』と考えていた」

と語る姿は、さすがにうれしそうであった。

ママチャリ男は陽動作戦?

「長官撃たれる!」

との一報を聞いて、警察庁や警視庁はもとより築地署に設置された地下鉄サリン事件の特別捜査本部内も騒然となり、全員が「あいつら、やりやがったな」と叫んでいた。

「あいつら」とはオウム真理教の麻原彰晃以下幹部たちを指していた。

この事件の十日前の三月二十日に地下鉄サリン事件が発生、二十二日にはオウム真理教の各施設に強制捜査が行われたことから、特捜本部はオウム教団による組織的犯行の可能性が高いと判断。直ちに麻原はじめ主要な幹部たちのアリバイ確認や足取りの追跡、射撃経験者のリストアップなど内偵捜査を開始した。

トップが不在となった警察庁は混乱を極めていた。刑事、警備局をはじめ、暴力団対策から広報に至るまですべてのセクションの幹部たちが同庁ナンバー2の次長のもとに集まり、次長室には何十本もの臨時電話が引かれ、瞬く間に緊急対策本部と化していた。

その中では「えらいこっちゃ」という悲鳴に近い叫び声から、「なぜ現場に個人警戒員がいなかったのか。南千住署は何をやっているんだ」とか「直ちに各閣僚らに厳重な警護を付けろ」といった怒号、「極左の動きは」「暴力団は」などの指示が飛び交った。

それでも少し落ち着いてくると、同庁内には「オウムがかかわった可能性が高いので、(地下鉄サリン事件を担当している)刑事局で捜査を一本化すべきだ」という意見が強くなってきた。しかし、警視庁刑事部は地下鉄サリン事件の捜査にほとんどの捜査員を投入しており、長官の入院治療により事実上、警察組織の頂点に立った警視総監は「長官狙撃事件の捜査は公安部で行こう。刑事、公安部の捜査は私(警視総監)が一元化する。全庁挙げてオウムと闘うのだ」と宣言した。後にさまざまな問題を引き起こすことになる公安部主導の捜査態勢は、この時に決まった。

警視庁南千住署に設置された百六十人規模の特別捜査本部は、本部長が公安部長、副本部長に南千住署長と公安一課長、捜査一課長が名前を連ねたが、参謀役に公安部参事官、実働部隊の仕切り役として公安一課長が就いたこともあって、捜査一課をはじめ刑事部の捜査員が実働部隊に加わったのはごくわずかだった。

こうしたスタート時点の判断ミス、というより捜査を主導した公安部の意気込みの強さが、皮肉にも長官狙撃事件を迷宮入りさせた大きな原因となったことは否めまい。

犯行に使われた銃は発生当初、線条痕から三十八口径の米国コルト社製リボルバーのパイソンで、弾丸は前述したように殺傷力の高いホローポイント弾、通称「357マグナム弾」と推定された。

また、現場周辺で集めた目撃情報を分析したところ、黒ずくめの狙撃犯は雨にズブ濡れになりながら、銃身の長いリボルバーを右手に持ち、左手を添えて銃撃。これは旧ソ連や東欧諸国の軍隊や特殊部隊で採用された銃撃方式で、欧米諸国の主流である、両手で銃を握り両足を開いて腰を落として撃つFBI方式とは、明らかに違うことが分かった。

「357マグナム弾」は威力はもの凄いが発射時の反動も大きく、命中精度が落ちるはずなのに、狙撃犯は約二十一メートル離れた場所から雨中を移動している長官に向け四発発射して三発命中させ、すぐ隣にいた秘書官には一発も当てていないことから、極めて銃の扱いに習熟した人物と思われた。

さらに詳しい現場検証の結果、國松はEポート西側通用口から北へ約十五メートル離れた路上に停めてあった公用車に向かって、約七メートル歩いたところで、背後から狙撃されたことが判明。狙撃場所とされる隣接のFポート南東角の壁から犯人のものと見られる衣類の繊維片が見つかり、壁周辺で銃発射後に出る硝煙反応も検出された。

そのうえ同じFポート南東角付近の植え込みの中に、北朝鮮人民軍のバッジのレプリカと韓国の十ウォン硬貨、外国製タバコ五本が落ちているのが発見された。

國松の体内から摘出された弾丸以外の四発目の弾丸は、なかなか発見できなかったが、事件から半年近く経った九月六日になって、同マンション北側の歩道の植え込みの中から見つかった。

このほか、狙撃犯が犯行前に十分、現場を下見していたことを示す目撃情報も次々と出てきた。特捜本部は現場周辺を碁盤の目状に区切り、一つ一つの囲みにそれぞれ捜査員を投入して地取り捜査を行う「メッシュ方式」という手法を取り入れたのだ。

事件前日に、現場付近で不審なワゴン車が目撃され、車内にいた二、三人の男のうち一人が國松の住むEポートをじっと見ていたことも分かった。

ただ、現場から逃走した狙撃犯はFポートを西へ向かって左折した後、直進か右折かで迷い、約五十メートル直進して一度止まってから右折したとの目撃証言があり、実行犯と下見役が違う人間である可能性が出てきた。

また、コートや帽子など黒ずくめ姿でマスクを着けた男が犯行後のほぼ同じ時間帯に、JR南千住駅と同駅付近の日光街道、JR北千住駅、さらに京成線千住大橋駅周辺などで自転車を猛スピードで走らせているのが多数目撃されていた。

「午前八時三十五分頃、日光街道の交差点で南千住署方向から三十～四十歳、痩せ型、目が大きくて鋭い感じの男が丈が長い黒っぽいコート、黒っぽい帽子、黒革の手袋を着け、黒っぽい前カゴが付いた自転車に乗って日光街道を横断し、南千住駅方面に走行するのを目撃した。頬の辺りに無精ヒゲを生やしていた」（南千住署交通係の女性巡査）

「午前八時三十五分頃、南千住五丁目の区立第二瑞光小学校前で猛スピードで走る自転車に乗った三十～四十代の黒っぽい服装の痩せた男と鉢合わせになった。無精ヒゲを生やしていたと思う」（女性栄養士）

「午前八時五十五分頃、JR南千住駅ガード下で四十歳前後の髪を真ん中で分けた細面《ほそおもて》の痩せた男が黒ずくめで前カゴ付自転車に乗っているのを見た」（男性病院職員）

これらは主な目撃証言だが、南千住署からJR南千住駅にかけての地域のものが圧倒的に多く、犯人が逃走した西側とは逆方向の南東側に当たっている。全く逆方向の京成線町屋駅付近での目撃情報もあったが、ごくわずかだった。

この目撃情報に共通するのは「黒っぽいコートに帽子」や「痩せ型で無精ヒゲ」「黒っぽい前カゴ付自転車」などの特徴であり、逆に犯人があまりに目立つ格好のまま長時間にわたり逃走している点から、犯行グループは四人以上いて、随所でわざと目撃されることで捜査の攪乱を図る陽動作戦を行ったのではないかとの見方もあった。

ところで、公安当局がこの事件を直ちにオウム真理教の犯行と考えたのは、何も地下鉄サリン事件や教団への強制捜査の後だったからだけではない。

実は、この事件前後、現場付近で多数の教団幹部の姿が目撃されていたのだ。そして、そうした情報が目撃情報と絡み合い、どんどんオウム犯行説が膨らんでいった。

例えば、教団「建設省」大臣の早川紀代秀（死刑執行済）は事件前日、現場から三キロしか離れていない台東区浅草の雷門付近の路上で車を停めているところを職務質問され、駐車違反で摘発されていた。

件の車は、別の教団幹部がその日のうちに引き取ったが、翌三十日（事件当日）早朝、教団「防衛庁」長官だったKを乗せて都内に入り、午前六時頃に千代田区半蔵門付近を通過したことがNシステム（自動車ナンバー自動読取装置）から分かっている。

Kについては、目撃された逃走中の犯人と似ているとの情報が多く、「男がマスクを外したところをちょうど見かけたが、Kにそっくりだった」との証言もあったほどだ。

また早川とKに酷似した人物が事件前後、現場付近でこの車から降りるところが目撃され、さらに早川は事件翌日も、現場近くで別の車に乗り、車検切れで摘発されている。

ほかにも、教団ナンバー2でこの事件の二十四日後に刺殺される村井秀夫・教団「科学技術省」大臣も事件当日、現場付近のアジトに潜んでいたことが確認されているし、現場付近で荷台から自転車を下ろすところを目撃された幌付きトラックと、同じ型でナンバーも酷似したトラックが、現場から北西約一キロ離れた教団幹部宅近くで目撃されていた。

一方で、捜査当局のローラー作戦が功を奏し、事件現場から半径三キロ以内の荒川区で二か所、足立区で三か所に及ぶ教団の秘密アジトを割り出し、武器製造法違反容疑で家宅捜索したほか、近くの荒川河川敷で三十八口径拳銃による試射の情報と痕跡を発見している。もっとも、警察庁長官宅近辺にこれだけ要警戒拠点があったことに気づかず、放置していたという事実はお粗末と言うしかなく、非難されて然るべきであろう。

また、現場に落ちていた北朝鮮のバッジのレプリカは、国内で市販されている品物ではなかった。調べると、ロシアなどで将校同士が交換したものが個人的に売られていることが分かり、結局、バッジの入手経路を割り出すことができなかった。

実際、私も後日、それとほぼ同じバッジを入手できており、バッジが落ちていたからと言って北朝鮮関係者の犯行とは言い切れなかった。それに一報を聞いた警視庁幹部が一様に口にしたように、いかにも偽装工作であるといった感は否めず、特捜本部もあまり重視していなかったのだ。

偏った捜査とねじ曲げられた情報

こうして他の犯行の可能性を次々と消去していった狙撃事件特捜本部は、捜査の照準をオウム真理教に絞って本格的に動き出した。特に公安当局はＫを狙撃犯と睨み、徹底的に行動をマークすると同時に、彼の略歴から射撃の腕前、麻原との関係、事件当日のアリバイなどあらゆることを調べ上げた。

そんな時、特捜本部にうって付けの朗報が飛び込んできた。

それは、別の事件で逮捕された教団幹部が「長官狙撃事件後、仲間から『Ｋが指揮官となり、実行犯を使って狙撃した』と聞いた」と自供したというものだった。

Ｋは大分県出身の古参信者の一人で、麻原がオウム真理教を設立するきっかけを作った同県別府市の暴力団総長の事務所に出入りしていたことは、第１章で述べた通りだ。

Kは美術専門学校を卒業後、デザイン事務所に勤め、手塚治虫の漫画『火の鳥』の装丁や、ユーミンこと松任谷由実のジャケットデザインなどを担当したこともある。

教団ではパンフレットやチラシのデザイン、麻原の書籍の装丁を担当するなどアーティストとして活動する一方で、ロシアに数回渡って射撃訓練に参加したり、ロシア製の大型軍用ヘリ購入などに奔走。サリンの空中散布を想定し米国でヘリコプター操縦免許を取得するなど、麻原の命令に絶対服従する武闘派としても暗躍している。

ただ、一九九三年十一月に一機百七十万円もするラジコンヘリの操縦訓練に失敗して大破させ、ヘリによるサリン散布計画を進めていた麻原と村井の怒りを買い、教団施設警護係に左遷された。だが九五年四月六日、逮捕される直前に元の「防衛庁」長官ポストに復帰していたことや、狙撃事件当日も現場付近で目撃されていることから、上層部が左遷撤回処分と引き換えに國松の狙撃を指示した可能性が出てきたのだ。

Kは調べに対して、「事件前日からずっと上九一色村にいて、二十九日は警察の第六サティアン捜索の立ち会いをしていたし、三十日は疲れが出て第六サティアンの部屋で寝ていた」とアリバイを主張し、三十日午前中こそ姿が見えなかったが、同日夕方には上九一色村にいたとの目撃情報もあって、特捜本部は追及し切れなかった。

さらに、教団幹部の一人が「Kが現職自衛官一人と元自衛官二人に犯行を依頼し、三人が現職自衛官に多額の報酬を支払い、スナイパーとして雇って狙撃させた。下見を入れると犯行に加わったのは十五人程度いる」と供述したこともあったが、この供述はあくまで仲間からの伝聞に過ぎず、早川が指揮を執ったという説もあったが極めて曖昧だった。

早川は世間知らずの若いエリートが多い教団幹部の中で、社会人の経験も長く、比較的教団をクールに見ている人物とされ、それだけに逮捕当初は「自らの危険を察知する鋭い嗅覚と狡猾さを併せ持つ男で、極刑回避を強く意識して供述する唯一の幹部だった」（検察関係者）。それだけに一筋縄ではいかず、早川の供述から彼の真意を測るのは難しく、とうとう裏付け捜査には結びつかなかった。

公安当局の取り調べに対し、早川はこう嘯《うそぶ》いて取調官を煙に巻いている。

「長官狙撃は井上嘉浩（教団「諜報省」大臣）とKが関与しているのではないか。オウムがやったとすれば復讐しかなく、井上がいろいろと動いていたからね。確か三十日朝五時頃、私とKは信者の車で上九一色村を出発し、二時間後に東京都千代田区麹町《こうじまち》付近でKを下ろしたと思う。三十分後に港区赤坂で車を降り、八時頃、六本木のホテルにチェックインしようとしたが断られたんだ」

この早川の供述が正しければ、Kは事件当日朝七時には都内にいたことになり、「上九一色村の教団施設で寝ていた」とするKのアリバイは崩れ去る。

公安当局は俄然張り切って裏付け捜査に走ったが、その後の調べで早川が事件前夜、馴染《なじ》みの東京・墨田区錦糸町のロシアクラブで豪遊し、朝帰りしていたことが判明。犯行時刻頃に港区六本木のホテルに宿泊しようとして断られたことは確認されたものの、彼自身はもとよりKのアリバイも怪しくなってきたわけだ。

早川は教団のロシアンコネクションの責任者で、Kらを使ってロシア製軍用ヘリを購入し、さまざまな武器や兵器を仕入れては国内に持ち込んだり、北朝鮮に売却して荒稼ぎするなどダークビジネスを計画、展開していたとされている。

そうした銃器・兵器入手ルートを巡り、身辺に迫りつつあった捜査を妨害するために長官を狙撃したのではないかとの見方がどうしても消えず、時効前までKとワンセットで容疑者リストに残されたのだ。

現に、あるオウム信者の証言から早川を巡る意外な事実が浮かび上がった。

九五年三月、オウム真理教モスクワ支部で帰国予定の信者に対して早川は、

「俺はまだ日本に帰る訳にはいかないけど、至急、尊師に渡して欲しい品物がある。大事な

物だから税関で引っかからないよううまく運んでくれ。決して中を見てはいけないよ」と言うと、小さいながらずっしりと重い箱を手渡した。

その信者はあまりの重さに閉口し、中に何が入っているのか見たくなった。

「このままじゃ、トランクにも入らないし、中身を分けて梱包し直そうか」

そう自分に言い聞かせるように呟きながら、こっそりと箱を開けてみたところ、そこには何と、使い古された三十八口径のリボルバーなど拳銃二丁と実弾十六発が入っていた、というのである。

怖くなった信者は慌てて箱を閉じると、何とか上九一色村の教団施設に運び込んだが、この拳銃が長官狙撃事件に使われた可能性がある。

また、前述したように、なかなか強《したた》かな早川は調べに対して「私は関係ないが、麻原の指示で教祖直属の闇組織が実行したようだ」などと驚くべき話をほのめかしたこともあったが、真偽の程は確かめられずに現在に至っている。

このように一時、オウム真理教に照準を絞った公安当局による捜査は順調に進んだかに見えたが、事件発生から三か月余過ぎた夏頃からほとんど進展を見せなくなった。

その最大の理由は、公安当局の捜査手法が強引なうえに重大な疑義があり、特捜本部内に足並みの乱れが生じていたため、と見られている。

まず最初は前述した通り、事件直後に黒っぽい上下と帽子を身に着け、黒っぽい前カゴ付自転車に乗った犯人が、南千住署の方からＪＲ南千住駅方面に猛スピードで走り去ったという有力な目撃証言に関してである。

もともと印象に残りやすい黒ずくめの姿での長時間の逃亡は、捜査を撹乱する陽動作戦ではないかとの見方が強かった。現に特捜本部内には、「アクロシティで長官を狙撃した犯人がなぜ、南千住署付近に逃亡する必要があるのか。西側に逃げた男がわざわざ南東側の人通りが多く警察署も近い繁華街を猛スピードで疾走するのは、犯罪者心理から言ってもあり得ない」と疑問を呈する刑事たちもいた。

そして、アクロシティから南西側の路上で「紺色のコートに帽子、白いマスク姿の男が自転車に乗って西へ逃げた」という六歳の少年の証言内容を重視し、南東方面以外の地取り捜査を徹底して行うように主張したが、Ｋの影を追いかけるのに必死の公安調査官たちに無視され、後回しにされたという。

ここで早くも公安警察対刑事警察の対立構図が浮き彫りになり、特捜本部内に深い亀裂が走った様子が窺える。

　また、目撃者たちにK本人の姿を見せて確認させる「面通し」が実施されたが、前出の女性警察官や女性栄養士が「こんな男じゃなかった。違う人です」と明確に否定しているのに、でき上がった供述調書や捜査報告書には何と、《二人ともKを見た瞬間、「この人に間違いない」と答えた》と記されていたのだ。

　これは「最初にオウムの犯行という結論ありき」とする公安部主導の捜査方針に沿って調べが進められ、情報がねじ曲げられていることに他ならない。

　さらに、この無理押し捜査以上に重大と言える根本的な問題点が明らかになった。

　不審な人物がオウム信者であることを確認するためには、目撃者に教団の主要メンバーの写真を見せるなどの裏付け捜査が必要だが、実は、地下鉄サリン事件が発生するまで、公安当局にはオウム真理教に関するデータがほとんど集積されていなかった。

　例えば、主要メンバーの写真資料についても、名前などから割り出した人物の運転免許台帳に添付された写真ぐらいしかなく、公安調査官は「協力者（捜査対象組織などに潜入させた調査員＝スパイ）」に、最優先で教団幹部の写真を入手するように指示していた。

　ところが、それら「協力者」の多くはオウムと敵対する、または将来敵対する可能性が高い別の新興宗教団体の調査部門に属するメンバーであったのだ。

しかも、公安当局に提供された写真は、彼らが敵対組織の要監視・警戒人物として密かに隠し撮りしたものであったから、捜査手法として決して適切なものとは言えなかった。まして犯罪を立証する証拠としては使えない代物で、そんな曖昧な写真で目撃者や捜査員が「狙撃犯に間違いない」と太鼓判を押したとされたのが、前出のKであった。

このほかにも聞き込み捜査の結果、國松宅周辺で犯行前夜、《麻原尊師、真相を語る》など書かれた教団への強制捜査を批判するビラが信者の手によってまかれていたことが判明。ビラ配りをしていたのが前出の早川やKの率いるメンバーだったことから、二人に関する幾つかの目撃情報が必ずしも犯行の決め手にならなくなってしまった。

また、教団施設を家宅捜索した際に押収した複数の信者の衣類から硝煙反応が検出されて、特捜本部が色めき立ったこともあったが、鑑定の結果、硝煙反応の箇所や状態から、教団で所有しているコンクリート破砕機を使用した時に付着した可能性が高くなり、最終的に事件との関連は薄いと判断された。

それでも狙撃事件の特捜本部は複数の目撃証言などを根拠に、長官を狙撃した殺人未遂容疑でKを逮捕しようと考え、東京地検と協議に入った。

だが東京地検は、①自転車に乗って猛スピードで通り過ぎた男をKと判別するには条件が悪く、目撃証言を信用するのは難しい、②Kの狙撃技術が定かではなく、技量を検討した形跡もない、③特殊な弾丸をはじめ遺留品などの入手経路がはっきりしておらず、Kとの関連性も証明されていない――などから起訴は難しいと判断、逮捕を認めなかった。

それどころか、東京地検は警視庁公安部が描いた事件の筋書きや、それを裏付ける捜査方法が強引過ぎると疑いの目を向け、門前払いを食わせたと言っていいだろう。

検察当局のこうした厳しい対応に対して、警視庁の櫻井勝公安部長は「焦ることは何もない。一連のオウム事件は、そのうち教団内部から供述が出てくるから大丈夫だ」と楽観視し、悠然とした態度だったという。

この余裕と言うか傲慢な姿勢が、本章冒頭で紹介した警視庁公安部による時効成立後の暴挙に繋がっていくと見ていいだろう。

もっとも櫻井公安部長はそれよりはるか前に更迭《こうてつ》される事態を招いていたのだが……。

要人テロを示唆する説法

こうした公安主導の強引な捜査に対して、警視庁内部でも批判と疑問の声が湧き上がったが、そんな時に再び届いた〝朗報〟により、公安部は活気づいた。

元教団「自治省」大臣の新實智光（死刑執行済）の供述で、麻原彰晃が教団内で要人テロを示唆する説法をしていたことが明らかになったのだ。

一九九五年一月、上九一色村の教団施設で開かれた食事会で突然、麻原が「この中に警視庁に突っ込んで、警視総監の頭を殴ったり首根っこを捕まえて振り回せる奴はいるか」と問うた。すると、信者の一人が名乗り出て「尊師の命令があればやります。ぜひ、トライしてみたいですが、それは想像を絶することですね」と答えたという。

麻原は「それが既成概念を打破することだ」と語り、「これは命令ではないし、今すぐやるということではない。やる時には私が耳元で囁くから」と言い聞かせたという。

しかも、警視庁が教団施設から押収したテープの中に、その会話を録音したテープが入っていたのだから、公安部のテンションが上がるのも無理はなかった。

何しろ、四月二十日に逮捕された早川をはじめ主要な教団幹部たちが、他の事件については少しずつではあるが犯行を仄《ほの》めかすなど態度を軟化させ始めたのに、この長官狙撃事件だけは誰一人として「私は無関係で全く知らない」と頑強に否認していたからだ。

こうした事態に警察上層部はもとより、直接捜査に当たっている公安調査官の中にも、

「長官狙撃事件はオウムの犯行ではないのではないか……」という疑念が頭を擡《もた》げてきたのも事実であった。

ただ、公安捜査の特徴は捜査対象を絞り、執念深く徹底的に調べることにある。

警視庁公安部は長官狙撃事件を「オウム真理教の組織的犯行であり、麻原の指示で主要幹部が関与しているのは間違いない」と確信し、教団や信者たちをとことん調べ上げた。

そしてついに教団側が作成した「オウム信者射撃名手リスト」を押収、その快挙で事態は大きく進展し、暗礁に乗り上げていた捜査が一気に進み出した。

それまで警視庁の捜査で教団内に六十人余の自衛隊関係者をはじめ射撃経験者がいることは分かっていたが、どこにいて何の部門に属し、どんな任務についているかが分からなかった。が、教団側が作成したリストにより、教祖の警護役を務めるなど側近として暗躍した平田信ら八人の容疑者が浮かんできた。この平田とは十七年間もの逃亡の末、二〇一一年の大《おお》晦日《みそか》に警視庁に出頭して逮捕された、あの平田信その人であった。

平田が長官狙撃事件の最有力容疑者と見られた理由は、何と言っても、平田と親しかった信者で松本サリン事件などに加わり、死刑判決が確定した端本悟《はしもとさとる》の供述である。

それは狙撃事件後の四月十日、端本が東京・港区海岸のホテルで平田と会った時、一緒にいた地下鉄サリン事件の実行犯である林泰男（現・死刑囚）が平田に対し「いいワークだったね」と声をかけたところ、彼がニヤニヤするのを目撃した、というものである。

さらにその後、端本と外出して海沿いを歩いていた平田が突然、「二、三日前に大島に行き、トンボ返りしてきたんだ。フェリーで帰って来る途中、海にバッグをポチャンしてきた」と語り出した。端本が「銃のことか」と尋ねても、平田は答えなかったというが、「これで長官事件は決定ですね」と言っていたというのだ。

この供述内容を聞いた警視庁幹部たちは一斉に「犯行は平田で決まりだ」と沸いた。それほど衝撃的で、そして決定的な供述と言えた。

しかも、この話には続きがある。まず狙撃事件二日前の三月二十八日夕、端本がJR池袋駅東口で平田と会った際、平田は「教団は今、とんでもないことをしようとしている。これは世間の顰蹙《ひんしゆく》を買うことになるぞ」と打ち明けたという。

また、狙撃事件二日後の四月一日、埼玉県川越市の短期賃貸マンションに平田や端本ら四人が集まった時、黒いハーフコートという見慣れない服装をした平田が現れた。

狙撃事件を意識した端本が「お勤めご苦労さん」と言うと、平田は「どこかに落とし物をしてアリバイでも作っておけば良かったなぁ」と答えたらしい。

　このほか、平田本人が「九五年四月にフェリーから拳銃を投げ捨てた」と周囲に語っていたという別の信者による極めてストレートな証言もある。

　それ以外でも、「犯行後に自転車で逃走した男の容貌が平田にそっくりだった」という目撃証言があったし、事件の四時間前の午前四時半頃、ＪＲ新小岩駅からタクシーに乗った二十代後半の男性に対して、タクシー運転手が「オウムの事件は面白いですね」と話しかけると、男性は「面白いだろう。今日の昼のニュースを見ろよ。もっと面白いぞ」などと笑いながら答えた、という情報もある。

　この男はジーンズの上下姿でデイパックを持ち、平田に酷似していたうえ、タクシーに乗る時に近くに四、五人の仲間らしい男性がいたというのだ。

　そのうえ、多くの教団幹部や信者たちが「教団内で最も射撃がうまいのはインターハイ出場経験がある平田だ」と供述しており、別の信者の証言から平田ら四人の信者が事件前夜、江東区亀戸《かめいど》の教団新東京総本部に集結し、当日には千代田区半蔵門のアジトで早川らと合流していることが分かった。

　さらに、教団施設から押収した平田愛用の黒いコートから硝煙反応を検出。それはほかの信者の硝煙反応と違って右腕、左腕ひじ部、胸部の順で強く反応するなど、銃器発砲時の特徴と符合していた。特に犯人は拳銃を右手に持ち、左手で右手を支えるように添えて撃っており、硝煙反応の状態はほぼ一致したという有力情報もある。

また、現場付近の放置自転車から平田の指紋が検出されたうえ、元暴力団組長の教団幹部が「教祖側近の平田の依頼で拳銃を入手しようと動いた」と供述したことで、特捜本部はますます平田への疑いを深め、「平田狙撃犯説」がどんどん一人歩きを始めた。

ところで、事件前夜に教団新東京総本部四階の道場に集まった四人とは、井上嘉浩・元教団「諜報省」大臣（死刑執行済）を中心に平田と、元陸上自衛官で「射撃の腕がいい」と噂されていたYとMであった。このうち、井上は後で埼玉県川越市のアジトに戻ったことが分かっているが、平田ら三人のその後の足取りは摑めておらず、YやMも狙撃犯として特捜本部にマークされたこともあった。

ここまで有力情報が揃ってくると、長官狙撃犯は平田で決まりのように思えてくるが、平田とはいったい、どんな人物なのか。

平田は札幌市出身で、北星学園新札幌高校（現・北星学園大学附属高校）時代、射撃部に所属していた。

三年の時、エアライフル競技でインターハイに出場し、団体戦で二十一チーム中十一位に、個人では七十人中四十五位となり、札幌商科大学（現・札幌学院大学）に進学した後も、エアライフル競技を続けている。

在学中から宗教に興味を抱き、東京の衣料品メーカーに就職後、オウムの施設に出入りするようになった。教団では最古参信者の一人で、主に麻原の身辺警護を担当し、ロシアでの射撃訓練ツアーにも参加するなど重用されていた。

ところが、途中から教団の活動に疑問を抱いて「不満分子」と見なされ、地下鉄サリン事件の犯行グループから外れるなど主流でなくなっていたことが判明した。

そのため平田が罪に問われたのは、九五年二月に目黒公証役場事務長を拉致した逮捕監禁致死など三事件だけだった。二〇一三年に東京地裁で言い渡された判決は懲役九年で、十七年近くも逃亡生活を続けていた割に軽かったのは、皮肉なことにそんな秘められた内部事情があったからだった。

最初からオウムの犯行に的を絞った公安主導の捜査に反対していた刑事部の捜査員は、「平田はインターハイに出場したと言っても、予選に二校しか出ないような地方だし、それも三年生になって、お情けで出場しただけ。オウムのロシア実射ツアーでもひどい成績だったようだし、あんなデカい拳銃で撃てる腕前ではないよ。第一、（長身の）平田にしては硝煙反応の位置が低過ぎると言う人もいる。YやMも自衛隊ではほとんど射撃訓練を受けていないそうで、周囲の評判ほど素晴らしい技量はないはずだ」と明かす。

平田のことを調べれば調べるほど、平田犯行説が次第に萎《しぼ》んでいくのが分かった。

平田は真の狙撃犯だったのか

ただ、平田は狙撃事件後に姿を消すと、四月十三日から二十四日まで徳島県の元信者宅に身を寄せるなど逃げ回っていた。村井が刺殺されたことを知って衝撃を受け、「俺は尊師の側《そば》にいる」と言い残して上京、教団東京総本部に立ち寄ったこともあったが、五月に麻原が逮捕されると、札幌市の実家に電話を入れ「何も心配しないで」と伝えている。

また、自分が狙撃事件に関与しているとの報道があった六月下旬には、徳島県の元信者に「俺はやってない。警察は怖いところだ」と電話し強く犯行を否定していたが、七月には一転して、千葉県の元信者に「何とか匿《かくま》ってくれないか」と切羽詰まった電話をかけている。八月下旬には札幌市で目撃されるなど、早い段階から各地を転々としながら逃亡を続けていたとの見方が強い。

平田は当初、教団から約千二百万円の逃走資金を渡されたが、一年余で使い果たした。その後は同行した女性信者が働いて潜伏生活を支えるなど、教団が直接・間接的にサポートしていた形跡が窺え、平田が重大なことを仕出かした事実を裏付けている。

だが、平田は一貫して狙撃事件への関与を否定。二〇一一年の大晦日に警視庁に出頭した際も「長官狙撃事件で犯人扱いされ、時効成立まで逃げようと考えた」と語っていた。

裁判で平田は目黒公証役場事件について、「犯行を事前に知らされていなかった」と犯意を否認したが、齊藤啓昭裁判長は「教団の組織的犯行と理解して加担し、抵抗感なく役割を確実に遂行した」と平田の事件への関与を明確に認定。自ら出頭したことも「長期の逃亡が社会に与えた影響は軽視できず、遅きに失した」と厳しく断じ、切り捨てた。

この裁判が注目されたもう一つの理由は、身辺に捜査の手が迫ったわけでもないのに、年明けまであと数分に迫った深夜に突然出頭した真意を平田がどう語るか、にあった。

「犯人扱いされた狙撃事件の時効成立」を理由とするにはいささか時間が経ち過ぎているし、教祖ら幹部たちの死刑執行が取り沙汰された時期だけに、出頭して裁判を長引かせて死刑執行を止めようとしたのではないかと見られた。その点は平田もあっさり認め、「麻原の死刑を止めたい感情はないが、幹部の執行は勘弁してという気持ちだった」と本心を吐露したように見えた。

実際に平田の出頭や菊地直子逮捕などの影響で、一二年春に決まりかけていた麻原らの死刑執行が延期されており、平田の目的は達せられたと言える。

いずれにせよ、長官狙撃事件や地下鉄サリン事件など一連のオウム事件について、平田は仮に自ら関与していなかったとしても、少なくとも発生後は教団の関与に気づいていたはずだ。それなのに裁判で、平田自身は全く語ろうとしなかったし、検察側もなぜか長官狙撃事件などについて何一つ追及しなかった。

これでは何のための出頭か分からず、正直言って、裁判は期待外れに終わった。

「平田にはほかの未解決事件についても話して欲しかったが、新事実が明らかにされず残念だ。ヘッドギアを付けた異様な信者集団を目《ま》の当たりにした者として、オウム事件は絶対に風化させてはならないと思う」

この裁判結果にそう憤ったのは、オウム真理教が一九九一年から大規模な教団施設群を建設した上九一色村（現・山梨県富士河口湖町）富士ケ嶺地区の住民たちである。

この施設には最盛期、村の人口約千五百人に迫る千数百人の信者が居住。「第七サティアン」で猛毒のサリンが製造され、近くの「第二サティアン」では拉致された目黒公証役場事務長が麻酔薬を打たれて死亡し、遺体は地下室の焼却炉で焼かれ、近くの本栖《もとす》湖に捨てられた。九五年三月に強制捜査を受け、五月に麻原が逮捕されたのがこの施設群だったことは、第1章で紹介した通りである。

九六年十一月、信者が施設から完全に撤退。九八年九月に警察当局による証拠保全のための施設差し押さえが解除され、破産管財人（九六年三月、教団は破産宣告）から施設の無償譲渡を受けた村は、直ちに解体作業に着手した。

「村民が《信徒を一人も残さず、施設一棟も残さず》を合言葉に団結して、狂気の集団と粘り強く交渉し、脱走信者を匿って逃がし、毒ガス臭に怯えつつ捜査に協力してきただけに、オウムの記憶を蘇《よみがえ》らせるものをすべて消し去りたい」（富士ケ嶺地区オウム真理教対策委員会のメンバー）と全棟撤去に踏み切った。

跡地にはレジャーランド進出や運動公園整備計画があったが、財政難で中止となり、大半が雑草が伸び放題の空き地か残土置き場に変わった。

唯一の例外は「第二サティアン」跡にできた富士ケ嶺公園で、そこには「慰霊碑」と刻まれた高さ二メートル程の石碑が建立《こんりゅう》されている。教団内リンチ事件で死亡した信者を供養したもので、「教団と闘った人々は歳を取り、記憶が薄れ、資料も散逸した。村を去り死んだ者も多い。このままじゃ村で何があったか分からなくなってしまう」（同委員会のメンバー）との思いから建てたという。

村民たちは「甲府市や富士河口湖町と合併して上九一色村の名前も消えた。もはや誰もオウムのことなど思い出さないだろう」と複雑な思いを口にするが、石碑のどこにも「オウム」の文字が出てこないところに、村民たちの深く傷ついた心が窺える。

話を元に戻そう。

結局、出頭した平田を逮捕した警視庁が長官狙撃事件を追及し切れず、東京地検も起訴できなかったのは、彼を狙撃犯とした根拠が次々と崩れていったからであった。

前述したように強引にねじ曲げられた目撃証言もその一つだったが、それ以上に問題であったのは、「平田狙撃犯説」の柱となった端本供述が事実と反していたことである。

まず、平田が「教団がとんでもないことを……」と語ったのは狙撃事件の二日前ではなく、事件後の四月四日であることが他の信者の供述で明らかになった。

次に肝心の「海ポチャ」発言も細かいニュアンスが違っているうえ、何より平田が大島との間を往復する東海汽船のフェリーに乗船した形跡が全くなかったのだ。

「端本の供述は、自分への容疑を追及されることを避けるための虚言だった」（警視庁刑事）というのが真相らしい。この端本供述をはじめ、平田は次々と仲間に裏切られ利用されてきたことが分かり、十七年間の逃亡生活が哀れに思えてくる。

もっとも、かなり早い段階で平田を逮捕するチャンスはあった。

平田が宗教学者宅爆破事件で全国第一種指名手配となったのは、一九九五年五月三十一日。その後、目黒公証役場事務長に対する逮捕監禁致死容疑も加わり、もう一ランク上の警察庁全国特別手配被疑者に昇格したのが九月のことである。

それまで教団東京総本部や上九一色村の教団施設に姿を現していたのが、指名手配後はプッツリと消息を絶った。

それから五か月後の九六年二月。警視庁公安部は、平田と一緒に逃亡している元看護師の女性信者が埼玉県内の友人宅に、預けていた現金五十万円を受け取りに来るとの情報を摑み、五十人もの追尾要員を投入して大がかりな張り込みや尾行を行った。

友人宅に一泊した女性信者は翌日午後一時、都内の都営地下鉄三田線白山駅で、銀行から引き出したカネを友人から受け取ることになっていた。

五十人は友人宅から女性信者に張りつき、メンバーを交代させながら尾行や監視を続けたが、西武池袋線池袋駅のファストフード店で女性信者に察知され、白山駅で五十万円を受け取る前から尾行をまく動きが活発になった。

飛び乗った地下鉄の車両から発車寸前に降りたり、何台も電車をやり過ごした挙げ句、次の電車に突然飛び乗ったり、ホームの反対側に着いた電車に駆け込んだり……と尾行者の存在を確認し追尾を振り切る「点検」作業を繰り返し、新宿駅に到着した時には追尾要員はわずか四人に減っていた。そして、通行人らで混雑する新宿駅東口周辺で女性信者を見失ってしまったのだ。

直ちに警察庁を通じて全国の警察本部に主要ターミナル駅での見当たり捜査（駅など人の流れが集中する場所に張り込み、群衆の中から対象者を発見する捜査）を要請したが、とうとう女性信者を発見することはできなかった。

その後、公安部が各駅から回収した主要ターミナル駅の防犯カメラ映像数百本分を解析したところ、その女性信者がJR東京駅から東北新幹線「やまびこ」に一人で乗り込む姿が映し出されているのを発見。東北新幹線沿線の県警本部の協力を得て徹底的に調べた結果、女性信者が九五年十二月から九六年二月までの三か月間、仙台市宮城野区内の割烹《かっぽう》料理店で働いていたことが分かった。同市若林区の従業員用アパートは既に引き払った後であったが、慌てて逃げたせいか二組の布団などが残されており、指紋から平田と女性信者が同居していたことが確認された。

女性信者が犯人隠匿容疑で指名手配されたのは九七年一月のことであり、この段階では女性信者の身柄を確保することはできなかった。かくして、すべてに後手を踏んだ公安部の捜査ミスで、平田逮捕の最大とも言えるチャンスを逸したのである。

警察内部の権力闘争

長官狙撃事件をオウム真理教の犯行と決めつけ、Ｋや早川、井上、そして平田……とわずか半年足らずの間にターゲットを次々と替えた公安当局が、最後に辿り着いた相手こそが警視庁の現職警察官でオウム信者の元巡査長であった。

それは狙撃事件から一年二か月経った一九九六年五月、警視庁本富士署に属し、何と地下鉄サリン事件特捜本部のある築地署に応援派遣されていた元巡査長が「私が長官を撃ちました」と自供したことから始まった。

調べに当たった警視庁公安部は当初、この事実を懸命に隠蔽したが、内部告発文書が出回ったり、オウム信者の洗脳解除を手掛けていた脳機能学者による元巡査長へのカウンセリングビデオがテレビ番組で流れるなどしたため発覚、大きな問題となったのだ。

その内部告発文書は九六年十月十四日付の消印で警視庁記者クラブに加盟する報道各社に郵送されてきた差出人不明の封書で、白い紙にワープロ打ちされた文書が入っていた。

《國松警察庁長官狙撃の犯人は警視庁警察官(オーム信者)。すでに某施設に長期監禁して取り調べた結果、犯行を自供している。しかし、警視庁と警察庁最高幹部の命令により捜査は凍結され、隠蔽されている。警察官は犯罪を捜査し、真実を究明すべきもの。》

という内容で、迂闊にも警察庁警備局や警視庁公安部は、これに全く気づかなかった。

また元巡査長はカウンセリングの中で、①長官を狙撃した、②現場を井上嘉浩ら教団幹部たちと下見した、③凶器のコルトパイソンを神田川に捨てた——ことを明かしていた。

ただ、元巡査長の供述には矛盾点が多く、早川や井上、平田らの名前が次々と登場する供述内容は揺れ動いて二転三転したため、裏付け捜査は難航した。さらに大勢の捜査員が神田川で大規模な捜索活動を行い、その様子がテレビで流れ世間の注目を集めたが、結局拳銃は見つからなかった。

東京地検は元巡査長の供述には信憑性がないと判断し、立件を見送った。また執念深い警視庁公安部は二〇〇四年に、長官狙撃事件に関連して、元巡査長ら三人を殺人未遂容疑で逮捕したが、東京地検は「証言に信憑性がない」と不起訴とし、身柄を釈放している。

　この元巡査長は後に懲戒免職処分となり、警察を去っている。


　この騒動の真の問題点は元巡査長の供述が信用できるかとか、事件の真相はどうなのかということに加えて、次の四点にあると言っていいだろう。

　第一は、身内の自供に衝撃を受けた警視庁公安部が関係者全員に箝口令《かんこうれい》を敷き、検察庁はもとより、警察組織のトップで事件の被害者でもある國松長官に対してさえ、その事実を隠していたことである。

　極秘捜査の結果、元巡査長が狙撃犯である可能性は薄くなったが、本人がそう供述している以上、下手に釈放してマスコミにでも接触されたら大変なスキャンダルに発展すると考えた公安部は、彼の身柄を極秘に都内のホテルに隔離し、取り調べを続けたのだ。

　しかも、そんな事態が警察関係者と見られる人物によって内部告発され、問題をさらに深刻化させた。元巡査長のことを隠せば隠すほど彼の供述の信憑性を高める結果となり、世間には「不祥事隠し」と映ったのだから、公安部の判断ミスと言われても仕方ないだろう。

「いくら身内の人間とはいえ、任意で調べている人間の身柄を長期間隔離したことは人権上問題がある。ある意味では犯人隠避や証拠隠滅と捉えられかねず、特別公務員職権濫用罪の疑いさえある」（東京地検関係者）との怒りも当然であろう。

そうした世間の怒り以上に、警察内部の反発や憤激は凄まじかった。

激怒した國松は問題が発覚した三日後には櫻井勝警視庁公安部長を更迭し、最終的には「盟友」と言われた井上幸彦警視総監も解任した。

この國松の厳しい処置は信頼を裏切ったことへの怒りの大きさを示すとともに、「警視庁を庇《かば》い切れず、警察組織全体を守るために断行した」（警察上層部）ということを意味している。

だが、この処断が皮肉にも、第二の問題点を発生させた。

この時、警視庁は一連のオウム事件捜査の真っ只中にあり、井上幸彦はその最高司令官で、櫻井は長官狙撃事件を指揮する現場の最高責任者であった。捜査の最中にリーダーの顔ぶれが一新されたのだから、現場が混乱し、捜査に支障を来したことは当然であろう。

しかも、國松は櫻井の後任に、子飼いで信頼の厚い暴力団対策部長の林則清を据えた。林は暴力団捜査の第一人者で「刑事警察のエース」と言われた人物だったが、公安捜査に関しては門外漢であった。そもそも長官狙撃事件の捜査は刑事部が行うべきものであり、続発するオウム事件で手が足りず、公安部が担当したという経緯があるだけに、それ以降の捜査が円滑に行われるわけはなかった。

さらに、これらの対立の背景には人事を巡る警察上層部の派閥抗争、即ち内部の権力闘争がチラついており、それこそが第三の問題点と言っていいだろう。

櫻井は國松の前任者である城内康光の側近で将来の長官候補と言われた人物だったし、林は反井上の急先鋒だった。実際、林は子飼いの刑事たちを使って狙撃事件を再捜査し、それまで中心となって捜査に当たってきた公安幹部を追放したり、まるで当てつけのように大々的に川浚《かわざら》いを行って、公安警察に地団駄を踏ませている。

元巡査長がオウム信者ではないかとの疑惑は早い段階から出ていたのに、庇《かば》い立てか隠蔽したのか人事、監察との連絡が悪く、こともあろうに地下鉄サリン事件特捜本部に派遣するなど警察組織の危機管理体制が欠如していたと言われても仕方ない状態であった。

少なくとも狙撃事件が起きる数日前、押収した信者リストで元巡査長の存在が確認された段階で対処していればこうした疑惑は防げたのだが、人事一課監察チームが警視庁の寮にある元巡査長の部屋を捜索したのは狙撃事件当日の三十日であり、そこでオウム関連の書籍などを発見して信者と断定したのは明らかに手遅れであった。

こうして見ると、元巡査長騒動の端緒となった内部告発も警察内部で反対勢力の策謀ではないかと犯人探しに躍起になっていたというし、長官を狙撃した拳銃弾が警察官が所持している拳銃「ニューナンブM60」の弾丸と似ている点も不気味である。

だが、ここで最も問題だったのはそうした思惑に加え、秘密保持の必要性から元巡査長の供述に対し、十分な裏付け捜査が行われなかったことである。

「やっぱり私が撃ったんですかねぇ」

私は元巡査長の供述調書を入手した。

その中の重要部分をここに報告し検証してみたい。なお、《　》内は調書の内容（記述は概要である）であり、（　）内は筆者の注釈であることを予めお断りしておく。

《オウム真理教に入信した後、私は井上嘉浩（教団「諜報省」大臣）から修行などの指導を受けていました。平成六（一九九四）年頃から井上の求めに応じて、警察の組織、Nシステム、極左に対する捜査手法などに関する情報の提供を行ってきました。》

《（九五年）三月二十五日夜、二十七日早朝、二十八日早朝の三回にわたって、井上と長官狙撃の現場に行き、住居や狙撃予定場所の確認、標的までの距離を歩測、逃走予定経路の自転車による時間計測をしました。その際、いずれも氏名不詳の男（当初は教団「諜報省」次官の平田悟と供述したが、後に訂正した）が運転手として同行しました。》
《三月二十七日早朝、朝もやのかかった中、水道局北側の路上に右側駐車した車の助手席で、自転車の制服警官から職務質問を受けました。私は「築地特捜の者です。張り込み中です」と言って、警察手帳を提示し、名刺を渡しました。》
《三月二十九日早朝、井上と場所不明の川原で、井上が持参した回転式拳銃で金属製看板を的にして合計三発試射した後、井上の指示によって拳銃を預かり、（自分が住んでいた）菊坂寮に持ち帰って空撃ちしました。空撃ちしているところを後輩の巡査長に見られました。》
《三月三十日午前八時頃、井上から電話で「これから長官を撃ちに行きます。救済です」と言われました。拳銃を持参して本郷郵便局付近で氏名不詳の男（当初は平田悟と供述した）が運転する車に乗り、その男にいったん拳銃を渡し、現場付近に行きました。そこで早川紀代秀や井上と合流し、早川から「オウムが弾圧されている。尊師が怒っている。君ならできる」と言われ、弾丸六発が装塡された拳銃を渡されました。》
《井上から受信機とイヤホンを付けられました。付近には林泰男（現・死刑囚）と思われる男と、平田信（現・服役囚）がいました。井上から帽子とマスクを渡され、赤茶色の自転車

に乗って、井上の無線による指示で狙撃場所に向かいました。》
《狙撃場所付近で狙撃の準備をしていると、平田信が来て「頑張れよ」などと励ましてくれました。そのうち長官と秘書官の二人がEポートの通用口から出てきました。「敵だ。撃て」という井上からの無線による指示に従って、長官をめがけて四発撃ち、三発当たりました。》
《自転車に乗ってKと林が指示する方向に向かい、氏名不詳の男が運転する黒い乗用車に乗り換えて、平田信とともに逃走しました。》
《三十日午前十一時十分頃、外苑銀杏《いちょう》並木通り付近で井上と会い、拳銃の処分を指示されました。午後一時に目黒で築地特捜の巡査部長と落ち合い、聞き込み捜査を行いました。特捜本部の会議が終わって帰る途中、水道橋駅近くの神田川に空薬莢《からやっきょう》入りの拳銃を投げ捨てました。翌三十一日、同じ場所に残りの実包《じつぽう》二発を捨てました。》
　この元巡査長の供述内容を読む限り、彼の犯行は間違いないと思われる。また、これまで狙撃犯として名前が挙がった早川や井上、K、平田信ら教団の主要メンバーが総出演しているうえ、狙撃現場の状況や逃走時の目撃証言など裏付けが取りやすい供述となっており、

「非常に分かりやすく、出来がいい供述調書」（警察幹部）といった印象が強い。

だが、逆に言えば、「警察にとって極めて都合のいい調書になっており、かなりの部分で捜査員によって作り上げられた供述のような感じがする」（刑事事件に詳しい弁護士）との見方も成り立つだろう。

元巡査長はいったい、どんな取り調べを受けていたのか。


長官狙撃事件で元巡査長の存在が捜査員に注目されたのは、事件から一年近く経った九六年三月十二日、井上嘉浩が捜査一課の取り調べで漏らした何気ない一言からであった。

「三月三十日午前八時三十五分頃、元巡査長（実際は実名）から『長官が撃たれた。詳しい情報はまだ分からない』という電話がありました。七時間ほど前の未明に早川から元巡査長から連絡があったら教えて欲しいと言われていましたので、早川に長官が撃たれたことを伝えると、特別驚いた様子もありませんでした」

取調官は元巡査長のスパイ行為自体に衝撃を受けたが、この供述を詳しく分析してみると、さらに恐るべき事実が明らかになったのだ。

狙撃事件の発生が午前八時三十一分。警視庁通信指令本部の一斉指令がなされたのが同八時三十五分四十秒、現場周辺の緊急配備発令が同八時三十六分で、テレビの最も早い速報テロップは同八時四十八分であった。つまり、元巡査長が井上に狙撃事件の第一報を入れたのは通信指令本部の一斉指令より早かった可能性があったのである。

しかも、井上はこんな衝撃的な供述もしていた。狙撃事件の約一年前の九四年三月十日頃、東京・新宿のホテルに宿泊した麻原が井上ら教団幹部に「警察官全員をポアするしかない。警察組織がある限り、救済は成功しない。（中略）こうなったらゲリラで警察を全滅させよう。警視庁内の警察官を全員ポアすれば大パニックだ。治安もくそもない」と呼びかけていた、というのである。これは前述した九五年一月の麻原による「要人テロ」説法より十か月も早い警官暗殺指令と言っていい宣言であった。

元巡査長の取り調べは公安部と人事、監察が合同で、警察庁や検察当局、そして南千住署の特捜本部にも知らせず、極秘に都内のビジネスホテルで行うことになった。

だが、まず九日間にわたってホテルに軟禁した形で取り調べを続けたことが、後に自供を誘導・強要したとの疑惑を招き、「信憑性のない供述」と断定されることになる。

「いろいろと問い詰められると、記憶に自信がないので『そうかな』と思ってしまった」

（元巡査長）というから、当たらずといえども遠からずであった。

元巡査長は当初、事件当日、狙撃現場近くに行ったことは認めていたが、狙撃したことは完全に否認していた。ところが、取り調べを始めてから十四日目の五月四日未明、寝ていた元巡査長が突然、起き上がって「私が撃ったんです」と言い始めたという。

朝からの取り調べで発言の真意を問われた元巡査長は、こう呟いた。

「やっぱり私が撃ったんですかねぇ……」

巨漢で一見すると強面《こわもて》の公安部の取調官は、この好機を逃さず畳みかけた。

「そうだ。お前が撃ったんだ！」

元巡査長は青ざめ、全身を震わせ始めた挙げ句、こう言った。

「撃てと言われて撃ちました……」

「誰に撃てと言われたんだ」

と追及すると、元巡査長は涙を浮かべて「思い出せない」と答えた。

いったん昼休憩を挟んで再び取り調べが始まったが、元巡査長は、

「やっぱり話したことが現実なのか記憶に自信がないんです」

と消え入りそうな声で囁き、俯《うつむ》いてしまった。

「現実だ。撃ったのはお前なんだよ。誰に指示されて撃ったんだ?」

と追及すると、元巡査長はボソボソとこんな説明を始めた。

「マンションから三人の男が出てきました。井上から『真ん中を撃て!』と指示されて、真ん中の男を撃ちました……」

「長官の顔は知っていたのか」

「事件当日、早川から長官の顔写真を見せられて、初めて知りました」

「長官を撃った後はどうしたんだ」

「車で逃走したと思います」

「拳銃はどうした? 井上に返したのか」

「どうしたのか……よく覚えていません」

警察上層部に報告された真の供述内容から、元巡査長の取り調べ状況を再現すると、こんな感じになるのだが、「三人の男が出てきた」とか「車で逃走した」「拳銃をどうしたか覚えていない」など供述に明白な間違いや変遷がある。二週間も狭い部屋に閉じ込められ取り調べられるうち、夢と現実の間を彷徨《さまよ》い、ボーッとしている様子が窺える。

警察の取り調べ段階で一度は自供しながら、裁判で供述を翻して無罪を主張する事件がよくあるが、元巡査長もそうした「無謀な取り調べ」に似たケースかも知れない。

何しろ、こんな取り調べが進められ、前述したような供述調書ができ上がったというのだから、恐ろしいと言わざるを得ないだろう。

さらに、公安部は時効成立翌日に会見し、東京地検が不起訴とした元巡査長の存在を改めて示している。その執念は、どこから来るのかが気になって仕方なかった。

教団への最強通達

ここまで公安部がオウムに拘《こだわ》って必死に捜査してきたのは、事件発生後に証拠を集めて犯人に迫る刑事警察の捜査と違って、最初に標的を定め、その言動を監視、追跡して実態を把握したり、周辺を捜査して情報を積み上げて真相に迫り、さらに大規模な犯罪を阻止するのが公安警察のやり方だと言ってしまえば、それまでである。

警察トップの狙撃事件の捜査を任せられた公安当局の意地や誇りもあったろうし、ほかに警察内部の権力闘争などさまざまな事情もあっただろうが、実は、そこにはもう一つ、大きな理由が隠されていたのだ。

一九九五年三月二十九日、警察庁長官周辺から電送室に《警察庁長官から管区警察局長及び全都道府県警察本部の長へ、重要通達を近く発信する》との口頭連絡が届いた。

それは《「オウム真理教」に対する取締りの徹底及び、サリン使用犯罪の絶対防圧について》と題し、警察庁でも最も権威があり最高ランクの警察庁長官通達を示す「甲」と記された極秘文書で、日本警察の全セクションに宛てられた異例の通達であった。

第1章で述べた通り、長野、神奈川、宮崎県警などからオウム真理教の犯罪もどきの活動実態とサリン製造・使用の危険性について報告を受けていた警察庁は、捜査を主導する警視庁への配慮から強制捜査着手の決断が遅れ、新たな犯罪を引き起こす失態を演じていた。

しかも、九五年三月二十二日の教団への強制捜査着手情報が漏れ、主要幹部の逮捕やサリンなど重要な物証の押収ができなかったばかりか、その二日前の三月二十日には地下鉄サリン事件を起こされるなど、捜査や対策は後手を踏み続けた。

そうした反省から三月二十九日に作成されたのが、この重要通達であり、初めての最高ランクに当たる警察庁長官通達であった。

ところが、この通達はとうとう発信されることはなかった。発信予定日の翌三十日、当の國松孝次・警察庁長官が襲撃されたからであった。

日本の治安史上に残る「幻の長官通達」は永久に表に出ることはなく、記録に残されるだけに留まった。

もし長官狙撃事件がこの通達にかかわるものだとしたら、想像を絶する前代未聞の情報漏洩に繋がる「世紀の大スキャンダル」ということになり、事件の様相は全く違ったものになってくるだろう。

その「幻の長官通達」とは、次のような内容（原文）であった。


「オウム真理教」に対する取締りの徹底及び、サリン使用犯罪の絶対防圧について

極　秘

「オウム真理教」は、一般市民の略取誘拐事件、教団施設内における信徒の逮捕監禁事件を引き起こしたほか、教団施設に、サリン等の原材料を大量に保有し、サリンを製造していたことが科学的に証明された。

サリンは殺人以外に使用目的のない物質であり、同教団の活動をこのまま放置すれば、一般市民に対する無差別殺人につながりかねず、治安上極めて憂慮すべき状態にあ

る。

「オウム真理教」に対する取締りの徹底及び、サリン使用犯罪の絶対防圧は、警察が全組織を挙げて取り組まなければならない最優先の課題である。

各位におかれては、このような国民生活に多大な脅威を与える犯罪行為を断固根絶するという決意の下に、

1 警察の総合力の発揮
2 捜査追及体制の強化
3 捜査及び実態解明の徹底
4 サリン使用犯罪の絶対防圧
5 国民の理解と協力の確保

の諸点に留意の上、的確な諸政策を推進されるよう最大の努力を払われたい。

一連のオウム事件が発覚した後で読めば、ごく当たり前の文章のように思えるかも知れないが、地下鉄サリン事件は起きていたものの、未だ教団の実態は摑み切れていない段階とすれば、思い切った通達と言っていいだろう。

いや、全国の警察組織が総力を挙げて一つの宗教団体に対して厳しく対処することを決めたのだから、国家権力の強権発動という意味から見ても、もの凄いパワーと効能を秘めた活動命令と言っても過言ではあるまい。

この異例の通達を発信する直前に警察庁長官が狙撃されたのだから、公安当局が目の色を変えて捜査に当たるのも当然なのかも知れない。

何事も疑い出したら、すべてが怪しく思えてしまう——のが事件捜査の宿命であろう。特に公安主導の捜査は被疑者と、周囲や背景にいる関係者とを次々と結びつけ、たちまち膨大な相関図を作り上げてしまう傾向にある。

一九八四、八五年のグリコ・森永事件の取材で、公安当局が作成した数種類の「被疑者及び事件関係者の人脈相関図」（チャート）を見せられたことがあるが、江崎グリコや森永製菓など被害企業がこれほど闇社会の面々とかかわりがあったのかと腰を抜かすほど、大規模かつ複雑な相関図に唖然とした覚えがある。

公安当局作成の相関図は過去のマネー絡みの未解決事件がすべて網羅されている感があるほど数多くの事件の容疑者らが登場し、話題としては面白かった。が、これを一つ一つ捜査で潰していく捜査員の苦労を考えれば天を仰ぐしかなく、時効までに解決できない捜査が多々あったことを覚えている。

ただ、長官狙撃事件の場合、事件現場や被害者周辺にこれだけオウム真理教の信者や施設が登場するならば、とても無関係とは思えない。特捜本部がオウム真理教に的を絞って捜査したことも、決して間違いだったとは言い切れまい。

それでも当時の捜査資料を精査すると、公安当局は一連の事件をオウム教団だけの犯罪にしようとして、いささか強引に辻褄合わせをしているフシが窺われる。

例えば、事件の周辺にさまざまな人々や遺留品（物的証拠）が登場するのに、公安当局はオウム信者以外はほとんど調べず、事実上、捜査をオウム真理教だけに絞って、ほかの捜査をしていないようにも見える。

長官狙撃事件は、誰にでもできるような単純な犯行ではない。それだけに手口の巧妙さや準備の周到さから考えると、犯罪慣れした組織ぐるみの犯行と思われ、北朝鮮をはじめいろいろな組織や団体による犯行の可能性を検討しなければならないだろう。

オウム真理教の幹部たちがいくら優秀でも、現場の下見や逃走経路の選定、北朝鮮軍のバッジ遺留などの小細工、黒ずくめ男たちによる陽動作戦……などさまざまな策を考え、準備するのは簡単にできることではない。

また、高校・大学時代に射撃部だった人間はもとより、若い警察官や自衛隊員であっても、狙撃能力に優れているとは限るまい。

元巡査長は一九六五年生まれのノンキャリア警察官。両親は静岡県内で自営業を営み、兄は国家公務員で、姉の夫も警視庁の警察官という身持ちが固い一家である。八四年に静岡県内の高校を卒業後、情報処理や電子工学の専門学校に進み、八六年三月に警視庁巡査として本富士署地域係に配属された。

その頃には既にオウム信者として入信し、在家信者として井上らの指導で修行を始めていた。勤務態度に特に問題はなく、九四年に巡査長に昇任し、九五年に警備課公安係に異動になっている。

真面目で優しい性格だが地味な警官で、特に射撃の成績が良いとの評価も得ていない。

事件後の取り調べでは前述したように、取調官の誘導に嵌《は》まって犯行を自供したようだが、事件から九年近く経った〇三年から〇四年の段階の供述では、元巡査長は長官に関する事前調査役と狙撃犯の防衛役に切り替わっていた。

新しい取調官から過去の自供について聞かれた元巡査長は、こう答えている。

「あの時は不安定な精神状態に陥っていて、長官事件にかかわっているとの記憶から自分はどうなってもいいという気持ちになりました。そして、自分が撃った気になり、長官を狙撃したと話してしまいました」

後の供述では元巡査長は狙撃犯として端本悟の名前を挙げており、こうなると彼の供述のどれを信じていいのか分からなくなっていた。それにもかかわらず、公安当局がオウム信者以外のさまざまな可能性を十分に検討したのかと言えば、甚《はなは》だ疑問である。

ハンドロードするスナイパー

標的になったのが警察庁長官なので、本来なら犯人像として極左・過激派グループをはじめ、広域暴力団のヒットマン、外国人犯罪組織の暗殺要員、北朝鮮工作員……などさまざまなケースが想定されるだろう。

事件現場には北朝鮮軍のバッジや韓国の貨幣などがわざとらしく残されており、諸説フンプンで茶の間の話題を集めるのが普通なのだが、公安当局がオウム真理教に絞って捜査したため、大して話題にならなかった。それどころか、特捜本部もごく簡単に、形式的にしか調べていない様子が窺われた。

唯一、特捜本部が関心を持って、というよりも一部の捜査員と科学捜査研究員が執念を燃やして捜査に当たったのが銃弾である。だが、それが却《かえ》って捜査をここまで拗《ねじ》れさせた原因の一つになっているとも言われている。

國松に命中した遺留弾頭から実包の種類を特定する捜査は、大方の予想を裏切って非常に難航した。実包の種類が分かれば拳銃の種類が特定でき、そこから拳銃の流通ルートを辿り、購入者を割り出すことができる……はずであった。

ところが、当時の日本警察には実包のデータが乏しく、特捜本部の拳銃捜査班は九六年十一月、米国ミネソタ州にある弾薬メーカー「フェデラル・カートリッジ」社に捜査員と科学警察研究所の専門技官を派遣し、弾頭のサンプル入手と、弾頭部分及び火薬に関する非公開情報の提供を受けられるように協力を要請した。

そうして独自にデータを収集しては極秘に国内で射撃実験を繰り返した結果、ようやく実包の種類を「フェデラル・カートリッジ」社の製品である「38スペシャルプラスＰ」弾または「357マグナム」弾の二種類に絞ったのだ。

いずれも表面に「ナイトクラッド加工」と呼ばれるナイロンコーティングを施した独自性の高い製品で、弾頭は大きさ、重量とも同じホローポイントであった。

二つの実包の違いは銃口から飛び出す弾頭の初速であり、「357マグナム」弾は破壊力を高めるため火薬量が多く、発射した瞬間の銃身の跳ね上がりが大きくなる。それゆえ照準を合わせるのに手間がかかり連射はできない。

この課題を克服するためには銃身の重い拳銃を使うしかないが、遠距離でなければ命中精度は高くなる利点がある。

一方、「38スペシャルプラスP」弾は火薬量が少なく連射もできる。三十メートル以下の短距離なら命中精度も悪くないが、殺傷能力はマグナムより低くなる。

射撃の素人《しろうと》からすればどちらでもいいようなものだが、実包の違いで体内に入った後の損傷具合が異なるため、科学捜査の観点からは慎重に捜査しなければならないわけだ。

そこで、コルトパイソンという拳銃を使って計四回も射撃実験を行ったが、「357マグナム」弾、「38スペシャルプラスP」弾のどちらも国内での実験データに合致せず、鑑定に立ち会った技官や捜査員は全員、頭を抱える羽目に陥った。

この実験結果を肯定できる答えは、たった一つしかなかった。

「犯人がハンドロード、つまり自分でカートリッジ内の火薬量を計量して最適値に調整するなど細工をしてから撃ったとしか考えられないわけです」（科警研関係者）

そんな難しい作業を行えるのは事実上、プロのスナイパーしかいないというのだ。

工場で製造された弾丸は火薬量に微妙な違いがあるため、プロのスナイパーやライフル射撃の名選手らは、新品の薬莢に分量を調整した火薬を詰め、オリジナルの実包をすべて手作業で作るというが、長官狙撃犯は果たしてプロのスナイパーなのであろうか。

公安当局は当初、狙撃犯の構え方が旧ソ連特殊部隊方式だから、ロシアで射撃訓練を受け、旧ＫＧＢの軍事マニュアルを大量に買い込んだオウム信者の犯行と考えてきた。

また壁に腕を固定し、右手で拳銃を持ち左手で支えながら発砲しているから、必ずしも高度の射撃技術がなくても犯行に及ぶことができると主張し、オウム信者の犯行と言わんばかりの方針を示したが、そんな簡単な狙撃方法ではなさそうである。

高校や大学でライフル射撃を経験した平田らオウム信者、ほとんど実弾射撃訓練をしたことがない元巡査長辺りの射撃能力では到底、真似のできない話なのである。

逆にプロの殺し屋という視点から犯人像を推理すると、暴力団のヒットマンは標的が最も無防備になる時、國松のケースで言えば車に乗り込む時に至近距離から狙うのが常套《じょうとう》手段である。そして、ほとんどが「ハンドロード」などしないから、暴力団犯行説は消していいだろう。

次に現場に北朝鮮人民軍のバッジがあったことから北朝鮮工作員説が出た。警察ＯＢの天下り先として知られるなど利害関係があるパチンコ業界には朝鮮半島出身者が多いことから関係が注目されたが、北朝鮮政府自体に利害が見当たらず、やがて消滅した。

最も疑いの目を向けられたのは、ロシアンマフィアによる犯行説だった。

これは早川らが武器や麻薬など闇ビジネスで生み出した巨大利権を失わないよう、教団の海外進出に向けた捜査を防ぐために起こしたとする説だ。北朝鮮工作員説の真の狙いもそこにあったが、結局、特捜本部は海外への捜査をほとんど行わず、結局、何も分からなかった。

ただ、ロシア人信者の背後に蠢《うごめ》くロシアンコネクションの黒幕が暗殺者を送り込んだ可能性をどうしても捨て切れず、一部の捜査員は教団ロシア支部の日本人信者を中心に徹底的に調べていた。

そこで浮上してきたのが「射撃童子」というホーリーネームのロシア人信者の存在だった。この男は旧ソ連軍の退役軍人で信仰歴、射撃の腕前ともまずまずであったが、調べが進むにつれ、さらに射撃の腕前が抜群でスナイパー級とされる「スペッツナズ」出身の男の存在が浮き彫りになってきた。

「スペツナズ」はロシア連邦軍の特殊部隊を指し、敵陣地への急襲・殲滅《せんめつ》など特殊戦闘作戦のほか、暗殺などの地下工作も得意とする特別選抜部隊である。

オウム真理教では教団幹部らがロシアで実弾射撃ツアーなどの軍事訓練を受けた際、多数の「スペツナズ」出身兵士を教官として採用しているなど、両者が密接な関係にあったことは早い段階から判明していた。

そのため、捜査員をロシアに派遣して徹底的に調べたかったのだが、警察庁から公式ルートで捜査幹部をモスクワに派遣し、ロシア当局に捜査協力を求める程度のことはできても、正規ルートを通さずに警視庁の公安調査官にロシア国内で情報収集活動を行わせれば、たちまちKGBの国内防諜部門「FSB（連邦保安庁）」に身柄を拘束される危険性が高かった。

そこで公安当局は、「破苦童子」とのホーリーネームを持つロシア人信者らを協力者に仕立て上げる作戦に転換した。

「スペツナズ」出身のロシア人信者の中に事件後、姿を消した人間がいるなどの情報を摑んできたが、「スペツナズ出身のスナイパー」というだけで、それ以上の裏付け捜査はできず、やがて専従捜査員もいなくなってしまった。

ところで、國松長官がオウム以外の組織や人物に狙われることはなかったのか――との可能性を検討すると、実は、それらしき問題があったのである。

國松が兵庫県警本部長に就任した八九年、神戸市内のある公立小学校から五十メートルしか離れていない土地に突如、パチンコ店の出店計画が持ち上がった。

その場所は県の風俗営業に関する条例により「第二種地域」に指定され、学校から百メートル以内の場所にパチンコ店などの出店は認められていない。

ところが、兵庫県警は小学校が建つ高台の斜面部分を「教育活動の場として利用しない土地＝敷地外」と解釈するがどうかと、教育委員会に何度も照会してきたという。

仮に小学校の敷地を高台上だけに限定し、実際は敷地である斜面を敷地外と認定すれば、パチンコ店出店予定地は学校のフェンスから百メートル以上離れることになり、出店も可能になるからだ。

教育委員会は何度も「ＮＯ！」と回答したが、県警はなぜか執拗に食い下がり、國松が警察庁刑事局長に栄転後の九三年、ついに営業許可が下りないまま店の建設がスタート。怪しい人物が出入りした挙げ句、パチンコ店は開店にこぎつけ、堂々と営業している。

パチンコ店開店にかかわった県会議員の表敬訪問を受けた九二年、國松は事件現場となった「億ション」と言われる高級マンション「アクロシティEポート」をキャッシュで購入。國松がそこに住み始めた翌年に、パチンコ店は建設を始めているのだ。

國松は九七年の退官時も、別の「億ション」をキャッシュで購入しており、そうした事情からパチンコ業界との間で、利害が絡んで何らかのトラブルがあったのではないかとの噂が出てきた。

そのため、「狙撃事件はオウムではなく、パチンコ業界の仕業」という見方も根強くあった。しかし、まさか特捜本部がそのような噂を捜査するはずもなく、疑惑情報の域を出ないで終わっている。

公安当局がオウムの犯行と見て早々に捜査の網を絞り込んだため、狙撃犯の姿が見えにくくなった側面があるが、オウムであれ、他の組織であれ、第三者であるプロの殺し屋を暗殺者として使う手口が存在するならば、事件の真相追及はこれまでと全く違った結果を生み出すことになるだろう。

実際、オウム真理教の残党が今、プロの殺し屋たちを集めて完全無欠な暗殺者として育成し、世界各国の闇社会のオファーに応える暗殺請負組織を韓国や東南アジアなどに設立したと言われている。既に幾つかの要請に応じて〝仕事〟をこなすなど活動を開始したと専《もっぱ》らの評判だ。

その新たな闇組織設立のきっかけとなり、始動を許した記念碑的事件こそが國松孝次・警察庁長官狙撃であった——との見方が決して間違いではなかったことは、最終章で論じたい。

最終章

復活

約30畳の道場で読経するオウム真理教（アレフ）の信者たち（東京・世田谷区 2001年05月22日）
ⓒ時事

韓国・仁川《インチヨン》に蠢く暗殺組織

韓国の玄関口・仁川国際空港から車で約三十分ほどの場所に、仁川市のチャイナタウンはある。

かつて開設されていた清《しん》（中国）や日本、ロシアなどの租界地を復元し、チャイナタウンをはじめ日本人街、ロシア人街などに再開発して、それぞれレトロでロマンチックな建築物が建ち並んでいるうえ、仁川港など美しい景色を見渡せる高台にあることもあって、各国の観光客がバスを仕立てて押し寄せてくるという。

それに韓国式ジャージャー麺・チャジャンミョンの発祥の地とあって、有名店がズラリと並ぶ一角は、大勢のグルメ客で賑わっていた。

その〝チャジャンミョン通り〟を北に向かってしばらく歩き、三つ目の角を左折して裏通りに出ると、極端に人通りが減る。その少し先に建っている古びた五階建てビルの四階の一室に、目指すオフィスはあった。

観光施設や飲食店を経営する興業会社風の名前が中国語で書かれた看板が出ていたが、文字が消えかかってよく読めない。何より、誰もそんな看板を見向きもしていない感じが伝わり、物悲しいというより、何やら不気味な雰囲気さえ漂ってくる。

オフィスに入ったことがある人間の証言によると、外見とは違ってコンピュータなどのIT機器がズラリと並び、オシャレな外資系貿易商社のように見えるという。ただ、常駐しているのは数人しかおらず、それも一癖も二癖もありそうな男たちばかりなのだ。

この部屋は、実は、日本の暴力団関係者と中国のチャイニーズマフィアの幹部が共同で結成した日中合同暗殺請負組織のオフィスなのであった。

法人登記の約款などないから詳細は不明だが、関係者の証言から会社の特色や業務内容などをごく簡単に説明すると、こうなる。

日本や韓国、中国をはじめタイ、ベトナム、フィリピン、インドネシア、シンガポールなどアジア諸国を中心に、復讐相手や利害対立者などの殺害依頼を受け、素早く暗殺して直ちに離脱する、という仕事である。

暗殺料金は、標的の状態や凶器の選定、殺害場所の地理的、環境的条件などが一件ずつ違うため、その都度、依頼主との交渉で決めることが多い。

だが、中国人ヒットマンを一人派遣して一般人を殺害するというごく一般的な例では、ヒットマンの成功報酬は一人当たり三百万円から四百万円が相場なのだという。もちろん標的がＳＰやボディガードに囲まれているようなＶＩＰクラスになると、報酬も一千万円単位に跳ね上がることが多く、暗殺が実行されるまでの期間がどうしても長くなりがちだし、下見や逃走支援などの人員が増えて、それだけ経費も嵩《かさ》むことになる。

通常の例では、依頼主が仲介代理人を通じて成功報酬の半分を中国大陸にいる暗殺請負組織のボスに送金すれば、標的の状況や殺害方法などの条件に応じた中国人ヒットマンを直ちに送り込んでくる仕組みである。

標的に関する情報収集や犯行現場の下見、拳銃など凶器の準備、逃走の手引きなどについては、依頼主が日本の暴力団や闇社会の面々であれば、依頼主かその意を受けた日本側の組織が行い、依頼主が組織と無関係な素人の場合はヒットマン組織の在日仲介代理人が準備作業をすべて請け負い、関係ある暴力団組織にサポートを要請、報酬と経費を支払うことになっているという。

いずれにしても、ヒットマン自身は標的と直接的な関係は全くないし、標的を殺害した後は直ちに出国するため、アシがつく恐れは少ない。

あとは依頼主がちゃんと残金を振り込めば、何の痕跡も後腐れも残さずに一人の人間がこの世から消え去り、依頼主懸案の問題は解決するわけだ。

ところで、そうした組織の中には、九〇年代から存在する「老舗《しにせ》」と呼ばれるものもあり、その一つに、韓国に拠点を置き暗殺に限らず日韓両国間の水面下での活動を幅広く行ってきたとされる組織がある。

この組織はもともと韓国南端にある港町・釜山《プサン》に拠点を置いていた。

釜山は今でも密航ビジネスの拠点としての名残りはあるが、九〇年代には日本への密航船の一大基地であり、比較的自由に行き来できる利点を生かしてヒットマンを密出入国させることで暗殺請負組織を維持、発展させてきたとされる。

その後、この組織は分裂、合併を繰り返して発展していったが、その一つが前述した仁川の日中合同暗殺請負組織であった。

そして、この組織の創設にかかわったメンバーの中には、実はオウム真理教の元幹部、つまり残党がいたのである。仮に名前をXとし、組織の名もこのリーダー格の名前から採ったものだと言われている。

Xは早川の下にいて、ロシアで銃器や武器の調達と密輸入、北朝鮮で上質の覚せい剤の購入と密売といった闇ビジネスを手掛けてきたメンバーの一人で、それらの流通ルートの過程で交流を持った暴力団関係者やロシアンマフィア、チャイニーズマフィア、韓国マフィアの面々の力を利用して暗殺請負組織を拡充していったのだ。

本書で紹介した、教団の武装化を手助けし「闇の司令塔」と呼ばれた男と交流を持ち、その力を借りられたことが大きかったとされる。

國松長官狙撃事件はXの組織による犯行ではないが、闇社会ではその前身組織が請け負ったものと言われており、中でもロシア人脈が生み出した犯罪と言っていいだろう。

なぜなら、長官狙撃事件は「オウムが暗殺依頼を出したことになっているが、実際は教団を取り巻く闇社会の面々が自分たちの利益を守るため依頼した」（オウム真理教をよく知る暴力団関係者）という見方が強かったからである。

それこそがオウムと、教団を取り巻く闇社会の面々がロシアンコネクションを通じて、「スペツナズ」出身のスナイパーに依頼して長官狙撃に踏み切ることができた、とされる所以《ゆえん》なのだ。

一方、こんな見方をする向きもある。

第4章で少し触れたが、カンボジアでカタギとして事業を営むG元組長の元には暴力団対策法の施行などで日本国内で活動しにくくなった暴力団幹部や企業舎弟、半グレ集団幹部、国際金融詐欺グループなどさまざまな人間が集まって来ていた。その中には殺人や強盗、誘拐など凶悪犯罪を行う者も含まれているという。

G元組長は以前から華僑人脈を通じて中国人ヒットマンと連携しており、いつでも中国人ヒットマン派遣組織に暗殺依頼を出すことができるとも言われている。

そんな輩《やから》の中でも積極的な活動ぶりで目立っているのが、韓国系暗殺請負組織であり、最も熱心にG元組長周辺に接触を試みている人物こそが、オウム真理教元幹部のXとその新しい弟子たちであった。

何と言ってもG元組長の周辺にもオウムの元幹部とされる人物がおり、G元組長の側近だった人物とともに暗殺者の斡旋、仲介業務を担っているのだ。

つまり、外国人ヒットマンや軍人出身のプロのスナイパーを用いて、要人や利害対立者などを襲撃する暗殺・テロ行為の計画立案や犯行サポートには、オウム真理教の残党たちが深くかかわっており、国際犯罪ネットワークとして発展しているのだという。

そのG元組長は一六年四月初めに緊急帰国し、関西国際空港からどこにも立ち寄らず、そのまま東京・港区の病院に入院した。

もともと悪かった健康問題が重篤な状態を迎えたとか、密かに神戸山口組幹部と会談したとかいったさまざまな情報が飛び交ったが、そのまま沈黙を守って日本に居座っており、警察当局も事態の推移を慎重に見守っているのが現状だ。

ロシアとモンテネグロで信者摘発

オウム真理教の残党たちは、国内では麻原の妻と三女の対立が深まり、それぞれこぢんまりと活動を続けているのに対し、意外と活発に動いているのが海外諸国、特にロシアや東欧諸国においてである。

ロシア内務省は二〇一六年四月五日、ロシア二大都市のモスクワとサンクトペテルブルクでオウム真理教の後継団体「アレフ（Aleph）」に対する大規模な捜索を行い、信者や幹部の住居など計二十五か所を特定し、強制捜査に及んだ。そのうち、サンクトペテルブルクでは集会を開くなどしていたロシア人信者ら約十人を拘束したとされているが、詳細は公表されておらず、不明のままである。

ロシア政府は一九九五年三月、国内におけるオウム真理教の宗教活動を禁止した。同月に東京で起きた地下鉄サリン事件を受けた措置で、国内で増大するロシア人信者数に危機感を強めていた結果と見られている。

ロシアの捜査当局によると、モスクワとサンクトペテルブルクでは二〇一一年前後からロシア人信者の手で密かに教団が再結成され、かなりの勢いで増加し組織化されていたという。当局が内偵捜査を進めた結果、二〇一二〜一四年にはインターネットを通じて教団が多額の資金を集めていたことも判明。信者による集会なども増えてきたため、この日の強制捜査に繋がったという。

また、旧ユーゴスラビアのモンテネグロでは一六年三月下旬、日本人四人を含むオウム真理教と見られる信者五十八人が警察当局に身柄を拘束された。これについて、モンテネグロ内務省は三月二十九日、拘束したのは「外国の閉鎖的な宗教集団」と関係がある日本人四人を含む外国人五十八人だったと発表し、事実関係を認めた。

日本人以外の五十四人はロシアを含む独立国家共同体（ＣＩＳ）諸国の出身者だったといい、ロシア内務省はそのうち四十四人がオウム真理教のロシア人信者及び関係者だったと見て捜査を進めている。

モンテネグロを管轄する在セルビア日本大使館によると、日本人はいずれも男性で、五十代が一人、四十代が二人、三十代が一人。滞在目的が申告した観光と違い布教活動だったため、首都ポドゴリツァで身柄を一時拘束され、出国命令を受けたという。

モンテネグロ警察当局は三月二十五日、ポドゴリツァと北方にあるダニロフグラードのホテルなど二か所を捜索。計五十八人を一時拘束し、パソコンなど多数の電子機器類などを押収した。

ダニロフグラードのホテルで拘束されたＣＩＳの信者たちはノートパソコンを通じて、教祖の麻原彰晃こと松本智津夫の説法を聞いていたようである。

このように、「アレフ」をはじめオウムの後継団体の活動が最近、国内外で活発化していると見られ、公安調査庁や警視庁公安部は警戒と監視を強めている。

一連のオウム事件を知らない二十代から三十代前半の若者を中心に、オウム後継団体の信者が増加。祭壇に麻原の写真を掲げ、事件前に唱えられていたオウム真理教の教義を復活させるなど、麻原への帰依が強まってきている。

公安調査庁によると、最盛期に一万千四百人いたオウム真理教の信者は、地下鉄サリン事件後には一千人まで減少した。だが「アレフ」と、上祐史浩・元幹部が主宰する「ひかりの輪」を合わせた信者数は、一七年末現在で二千人を優に上回り、このままの勢いで行けば、三千人を突破する可能性が極めて大きいと言われる。また、ロシアなど海外での信者数は正確には把握されておらず、既に実態はもっと大規模になっているのではないかとの指摘もある。

公安当局が国内の「アレフ」道場で押収した勧誘マニュアルを見ると、最初はインターネット交流サイト（SNS）で人生相談に乗り、ヨーガサークルへの参加を募って入信させる。その段階では教団名も麻原の存在も明かさないが、修行が進むに連れて麻原の説法をDVDで何度も見聞きさせるなど、オウム復活を堂々と打ち出していた。

また、新實智光ら四人の死刑囚と女性信者の養子縁組や結婚を進め、元幹部らの知名度を利用して組織強化と若者層の囲い込みを狙っている。

さらに、麻原の三女が〇七年から東京拘置所で元教団幹部の死刑囚四人と定期的に面会し、差し入れの書籍を回し読みさせることで、「教団に強い影響力を持つ人物（麻原等）の意向を伝達し、密かに意思疎通を図っていた」（法務省幹部）ことが判明しており、こうした不穏な動きが起きつつある情勢に、公安当局も三女の行動を中心に教団施設や教団関係者の動向を監視し始めた。

そして、第3章で紹介したように、オウム事件当時、武力による政府転覆を企《たくら》む教団を利用して金儲けや利権獲得に動いた闇社会の面々やロシアンマフィアの残党らが再び始動していて、不気味な兆候が見え始めたと言っていい。

そうした動きに連動するかのように、前述したような暗殺請負組織を率いる元幹部などのオウム残党が蠢き始め、その残党たちの隠れ資産を狙って、またぞろ闇の紳士たちの影がチラついており、海外を中心に一部で不穏な動きを見せている。

何しろ、オウムが信者から集めたり、麻薬売買などで稼いだ膨大な資金が、いくらサリンをはじめ兵器製造に湯水の如く使ったとしても、まだかなり残っていたはずと見られるうえ、核兵器はもとより、レーザー兵器やプラズマ兵器、生物兵器のボツリヌス菌などの危ない代物とともにどこかに隠匿されたのか、未発見のままなのである。

「歴史は繰り返す」という言葉があるが、オウム後継団体の不気味な動きや、ロシアやモンテネグロなど海外での摘発情報を見る限り、オウム復活は決してあり得ない話ではないことを胸に刻んでおかなければなるまい。

オウム真理教には、闇に包まれた部分がまだ多く残っている。

早川のみならず、幹部信者が足を踏み入れた国はロシアや北朝鮮以外にも米国、中国、台湾、タイなどの東南アジア諸国……と数え切れないほど多い。

それぞれの国で布教やビジネス、武器や麻薬などの買い付けを行っており、その国の政財界は言うに及ばず、闇社会の面々にまで人脈を広げている。

早川は警察の取り調べや公判で、そんな「オウムの闇」を一切語らなかった。ベラベラとしゃべって殺された村井秀夫の二の舞にはなりたくなかったのだろうが、死刑が確定し、もはや自分は生きて社会復帰できないことが明らかになった後も、彼は口を開こうとしなかったのだ。そして死刑は執行された。

残された家族や仲間たちのことを考えての行動なのか。それとも「闇の司令塔」やその背後に蠢く闇社会の指示か命令、いや恫喝でもあったのか。

いくら麻原が天才的な詐欺師で、幹部信者や「マッドサイエンティスト」たちが才人の集まりでも、オウム真理教の力だけではここまでの武器調達や生物・化学兵器開発はできなかったろう。やはり、闇のスペシャリストたちの手助けが必要だったに違いない。

教団の背後で糸を引いていた人物は誰なのか。彼らをロシアへ誘《いざな》った者の正体と、その意図は何だったのか。

また村井が死ぬ前に口を滑らせた「一千億円」というオウムの資産はいったい、どこにあるのか。そして、忽然《こつぜん》と消え去った大量の武器や軍事物資の行方は……。

オウム真理教が崩壊した後、教団が施設やアジトなどとして使っていた土地や建物の多くは、あっと言う間に暴力団やその関連企業の手で差し押さえられ、売り飛ばされるなど処分されてしまった。

もともとオウムの動きに乗じて、土地の買い占めや買い叩き、土地転がしなどをやって荒稼ぎしていた暴力団筋だ。彼らからすれば、当然の資産回収なのかも知れない。

問題は表面化していない資産の処分であり、百億単位とされる資金、大量の武器と薬物、完成していたはずの細菌兵器やレーザー砲など、恐ろしい負の遺産が山ほどどこかで眠ったままと見られているのだ。

こうした「オウムの闇」を放置しておくことは、絶対に許されない。

オウムを背後から操ってきた闇社会の面々は健在であるし、多額のカネと武器・兵器がどこかに隠匿されている以上、またぞろ同じようなカルト教団が出現し、麻原のような狂気のテロリストが登場してくる可能性が高いからだ。

いや、もう既にどこかで、新しい悪魔が眠りから目を覚ましているかも知れない。

日本では、共謀罪の構成要件を変えた組織犯罪処罰法改正案が成立した。

政府は、一般的な団体が「組織的犯罪集団に変化した」と認定されれば処罰対象になると言い、司法当局は「オウム真理教事件を念頭に置いたもので、非常に有益な法改正」と太鼓判を押しているが、いかがなものだろうか。

地下鉄サリン事件から二十三年を経た今、なぜ法改正が必要なのかといぶかしむ声も少なくない。ある検察関係者は声を殺して、こう囁く。

「オウム真理教は被害者への賠償責任も果たしていないのに、潤沢な資産で密かに新たな施設を確保している。まだ芽は小さいが、確実に復活している。だからこそ、強力な法律が必要なんだ」

藪《やぶ》をつついて鬼が出るか蛇が出るか。世の中の何が真実で、社会の裏側でいったい何が起きているのか。相変わらず、ことの真相は藪の中だ。

徹底的に管理された組織社会の下で、大望を失った若者たちは社会の歯車の一つとして毎日、何も考えずに周囲と同じような行動を取っている。自分中心の狭い視野とドス黒い欲望、偏った思想ばかりが膨らみ、他人を思いやる気持ちなど全く忘れ、その結果、漠然とした将来不安に怯え、日々の瑣末な軋轢に苦悩しながら暮らしている。

彼らは直ぐにでも、自分が頼れる何かを見つけ、それに縋りたいのだ。

その意味で、世の中は再び「危うい時」を迎えていると言っていいだろう。

だからこそ今、オウム事件とは何だったのかをしっかりと振り返り、凶悪な事件の元凶となる芽を摘み取っていかなければならない。

オウム真理教事件は、教祖の死刑執行では終わらないのである。

オウム真理教事件関連年表（捜査、裁判で明らかになった主要事項・西暦）

年月日	主な出来事
1955・3・2	松本智津夫が熊本県金剛村（現・八代市）で7人きょうだいの四男として生まれる。
1978・1・7	松本が石井知子と結婚、千葉県船橋市で鍼灸院を開業。
1982・7・13	松本が薬事法違反で、20万円の罰金刑を受ける。
1984・2・14	東京都渋谷区で「オウム神仙の会」（当初は「オウムの会」）を設立。 松本は初めて麻原彰晃と名乗る。
5・28	「株式会社オウム」を設立登記。
1985・秋	雑誌『ムー』などに麻原の〝空中浮揚〟写真を掲載。
1986・3	麻原の初めての著作『超能力秘密の開発法』を出版。この頃から「グル」を名乗り、「シャクティーパット」等のイニシエーションを有料で始める。
10	本部を世田谷区に移転、出家制度をスタート。

1987・1・4	丹沢集中セミナーで、麻原が「タントラ・ヴァジラヤーナ」「ポア」の説法を行う。
7	団体の名称を「オウム真理教」と改める。
11	ニューヨーク支部を開設。
1988・3	「血のイニシエーション」をスタート。
8	静岡県富士宮市に富士山総本部道場を開設。
9	富士山総本部道場で死亡した在家信者の遺体を護摩壇で焼却する。
11	東京都江東区に東京総本部道場を開設。
1989・2	田口修二さんリンチ殺害事件発生。
3・1	東京都に宗教法人の認証を申請。
6・22	坂本堤弁護士ら、「オウム真理教被害対策弁護団」を結成。
8	東京都選管に政治団体「真理党」を届け出。
8・25	東京都が「オウム真理教」を宗教法人として認証。
8・29	オウム真理教が宗教法人設立を登記。
10・2	『サンデー毎日』が「オウム真理教の狂気」の連載を開始。麻原ら編

	集部に抗議に押しかける。
10・21	「オウム真理教被害者の会」を結成。
10・26	早川紀代秀、上祐史浩、青山吉伸がTBSに抗議、放映中止を要求。
10・31	早川、上祐、青山が横浜法律事務所で坂本弁護士と面会。
11・4	坂本弁護士一家殺害（当初は失踪）事件発生。
11・23	麻原が西ドイツのボンで記者会見し、坂本弁護士一家失踪事件との関係を否定する。
1990・2・18	衆議院選挙で東京4区から立候補した麻原が1783票で落選。
	麻原が遠藤誠一らにボツリヌス菌培養を指示。
3	麻原が第1サティアンで幹部たちに、「人類を救えるのはヴァジラヤーナしかない。今の人類はポアするしかない」と無差別殺人を説く。
4	都内で大量のボツリヌス菌散布による無差別殺人を計画し、信者を避難させるため石垣島セミナーを開催するが、菌の分離に失敗。
5	熊本県波野村に約15ヘクタールの土地を取得し、造成を開始。
10	波野村の造成問題で、熊本県警が早川、青山を国土利用計画法違反な

	どで逮捕。後に、石井久子も逮捕。
1991・春	山梨県上九一色村に教団施設群の建設を開始。
11	モスクワに「ロシア日本大学」を設立、翌92年2月の麻原・ロボフ会談でロシア進出が決まる。
1992・3	麻原が約300人の信者を連れ、ロシア救済ツアーを実施。
9	モスクワ支部を開設。
12・10	東京都港区に東京総本部道場を開設。
12	麻原、早川にロシアでの自動小銃密造のための調査を指示。
1993・2・28	村井秀夫らがロシアから自動小銃の部品や銃弾を持ち帰る。
3	麻原が村井を通じて、土谷正実に毒ガスの大量生産に向けた研究開始を指示、早川には毒ガス製造プラントの建設を指示。
4・9	麻原、説法で初めて「サリン」について言及する。
6	教団のダミー会社が毒ガス生成用試薬を購入。
	台湾にパソコン会社「マハーポーシャ台北支店」を設立。
6〜7	教団亀戸道場で2度にわたり炭疽菌を散布するが、悪臭を発しただけ

	で失敗に終わる。
8	土谷がサリン大量生成方法を完成、村井はサリン70トン生産計画を麻原に説明し、了解を得る。
9	第7サティアンが完成。
10・25	麻原が「教団施設が毒ガス攻撃を受けている」と説法。
11	大型ラジコンヘリを2機購入するが、Kが操作に失敗して大破。
	土谷と中川智正がサリン600グラムの生成に成功。村井は2人に5キロ生成を指示。
	モスクワで私設警備会社『オウムプロテクト』を設立。
12	早川が旧ソ連製大型ヘリを購入。麻原が土谷にLSD製造を指示。
12・18	土谷と中川がサリン3キロ生成に成功、八王子市の創価学会施設の周辺で噴霧し、池田大作名誉会長殺害を図るが失敗、新實智光がサリンを吸入し、重体に陥る。
12末	麻原は村井を通じ、土谷と中川にサリン50キロ生成を指示。
1994・1・30	落田耕太郎さんリンチ殺害事件発生。

2　中川らがサリン30キロ生成に成功。

2・22　教団幹部が中国旅行。

2・28　麻原が千葉市内のホテルに横山真人らを呼び、1000丁の自動小銃製造を指示。

4　村井が土谷に爆薬サンプルの製造を指示。富士川河口付近でサリンの噴霧実験を行い、中川がサリン中毒にかかる。
オウム信者たちがロシアで軍事訓練を受ける。同年9月にも行う。

5・1　土谷と遠藤がＬＳＤの合成に成功。麻原は人体実験の後、「キリストのイニシエーション」として活用。

5・9　滝本太郎弁護士サリン殺人未遂事件発生。

6・1　旧ソ連製大型ヘリが到着。

6　村井が土谷に覚醒剤製造を指示。
教団組織として省庁制を採用。22省庁を開設、大臣と次官を置く。

6・27　松本サリン事件発生。

7　麻原が中川にサリン70トン生成を指示。土谷がＶＸガス製造を開始。

7・9	第7サティアン付近で悪臭騒ぎが起きる。15日にも同様の騒ぎが発生。
7・10	冨田俊男さんリンチ殺害事件発生。
8	村井が青酸、ホスゲンなどの製造を指示。
10	LSDや覚醒剤を使ったイニシエーションを開始。
11	警察による捜索情報が流れ、サリンプラントを肥料プラントに偽装。
	電気ショックで記憶を消す「ニューナルコ」を開始。
12・2	水野昇さんVX襲撃事件発生。
12・5	元日劇ダンサー長女監禁事件発生。
12・9	ピアニスト監禁事件発生。
12・12	浜口忠仁さんVX殺害事件発生。
1995・1・1	「上九一色村でサリン残留物検出」との報道を受け、第7サティアンにシヴァ大神の像を造るなど偽装工作を開始。
1・4	被害者の会の永岡弘行会長VX襲撃事件発生。
2・28	目黒公証役場の仮谷清志事務長の拉致、監禁（致死）事件発生。
3・18	麻原が村井に地下鉄サリン事件の総指揮を指示（リムジン謀議）。

3・20	地下鉄サリン事件発生。
3・22	上九一色村など全国の教団施設へ強制捜査。
3・30	國松孝次・警察庁長官狙撃事件発生。
4・8	林郁夫を逮捕。
4・23	村井秀夫刺殺事件発生。
4・30	地下鉄新宿駅トイレに青酸ガス発生装置を仕掛けるが失敗。5月3日、5日も試みるが、5日に発火炎上しただけですべて失敗に終わる。
5・6	林の自供で地下鉄サリン事件の全容解明。
5・16	麻原を逮捕。東京都庁で小包爆弾が破裂、都知事秘書が重傷に。
5・20	神奈川県警が岡崎（現姓・宮前）一明の自首調書を作成。
9・6	坂本弁護士一家の遺体発見。岡崎を逮捕。
10・7	上祐を逮捕。
10・25	麻原が弁護人を解任。
10・30	東京地裁が宗教法人「オウム真理教」に解散命令。12月19日に東京高裁が教団側の即時抗告を棄却し、解散命令が確定。

12・20	初の破壊活動防止法を公示。
1996・3・28	東京地裁が教団の破産を宣告。
4・24	麻原の初公判。
1998・5・26	地下鉄サリン事件などで、東京地裁が林郁夫の自首と犯罪解明に対する貢献を認め、異例の無期懲役判決、6月9日に確定。
10・23	坂本弁護士一家殺害事件などで、東京地裁が岡﨑一明に死刑判決。オウム事件で初の極刑判決となった。
1999・9	教団が活動休眠宣言。
12・1	教団が初めて、一連の事件への関与を認め、被害者への謝罪と補償を明言した。
12・3	オウム新法（団体規制法、被害者救済法）が成立、27日に施行。
12・27	公安調査庁がオウム新法（団体規制法）に基づき、公安審査委員会にオウム真理教への観察処分を請求。
12・29	上祐が満期出所。
2000・1・18	教団の名称を「アレフ」に変更することを発表。

上祐が会見で、麻原が一連の事件に関与していたことを初めて認めた。

1・31　公安審査委がオウム真理教に対し、3年間の観察処分を決定。

2・4　団体規制法による初の立ち入り検査が実施される。

6・28　タイで拘留されていた田中義三が日本に移送され、警視庁が逮捕。

7　麻原の長男・次男・次女・4女らが茨城県竜ヶ崎市に移転。

麻原奪還計画を実行直前だったオウム・ロシア支部元幹部ドミトリィー・シガチョフらが、ロシア連邦保安庁（ＦＳＢ）に逮捕される。

11・18　和歌山刑務所に服役していた石井久子が満期出所。

2001・1・18　麻原の長女が東京都北区内で万引きで逮捕される。

1・23　オウム・ロシア支部元幹部のシガチョフに、自由剝奪8年の判決が下る。

1・25　上祐が世田谷区千歳烏山のマンションに移転。以後、実質的な本部となる。

2002・1・21　上祐がアレフ代表に就任。名実ともに上祐体制が発足。

9・17　小泉純一郎首相が北朝鮮を訪問。金正日と初の日朝首脳会談を行う。

2004・2・27	東京地裁が麻原に死刑判決。
2006・9・15	最高裁で麻原の死刑判決確定。
2007・5	上祐が新団体「ひかりの輪」設立。
2008・6・11	「オウム真理教犯罪被害者救済法」が成立。
2011・11・21	最高裁が遠藤の上告を棄却。オウム真理教関連事件で起訴された189人すべての裁判が終結。
2011・12・31	平田信が警視庁に出頭する。
2012・6・3	菊地直子が逮捕される。
2012・6・15	高橋克也が逮捕される。
2018・1・25	あらためてオウム事件関連裁判がすべて終結。
2018・7・6	松本死刑囚と教団幹部6人に死刑執行。

【主要参考文献】

林郁夫『オウムと私』（文春文庫）
早川紀代秀・川村邦光『私にとってオウムとは何だったのか』（ポプラ社）
上祐史浩・有田芳生（検証）『オウム事件　17年目の告白』（扶桑社）
滝本太郎・永岡辰哉『マインド・コントロールから逃れて　オウム真理教脱会者たちの体験』（恒友出版）
渡辺脩『麻原を死刑にして、それで済むのか？』（三五館）
毎日新聞社会部『裁かれる「オウムの野望」』（毎日新聞社）
降幡賢一『オウム法廷（1〜13）』（朝日文庫）
江川紹子『「オウム真理教」追跡２２００日』（文藝春秋）
ＮＨＫスペシャル取材班『未解決事件　オウム真理教秘録』（文藝春秋）
麻原控訴審弁護人編『獄中で見た麻原彰晃』（インパクト出版会）

阿含宗管長・桐山靖雄『オウム真理教と阿含宗』（平河出版社）
坂本敏夫『元刑務官が明かす死刑のすべて』（文春文庫）
一橋文哉『オウム帝国の正体』（新潮文庫）

登場人物の肩書き、データ、表記等は
二〇一八年七月十七日現在のものです。

PHP新書

PHP INTERFACE
https://www.php.co.jp/

一橋文哉［いちはし・ふみや］

東京都生まれ。早稲田大学卒業後、全国紙・雑誌記者を経てフリージャーナリスト。本名など身元に関する個人情報はすべて非公開。1995年、「ドキュメント『かい人21面相』の正体」でデビュー。グリコ・森永事件、三億円強奪事件、宮﨑勤事件、オウム真理教事件など殺人・未解決事件や、闇社会がからんだ経済犯罪をテーマにしたノンフィクション作品を手がけている。著書に『三億円事件』『闇に消えた怪人——グリコ・森永事件の真相』『オウム帝国の正体』（以上、新潮文庫）、『世田谷一家殺人事件』『最終増補版 餃子の王将社長射殺事件』（以上、角川文庫）などがある。

オウム真理教事件とは何だったのか？

麻原彰晃の正体と封印された闇社会

(PHP新書 1151)

二〇一八年八月十四日　第一版第一刷

著者——一橋文哉
発行者——後藤淳一
発行所——株式会社ＰＨＰ研究所
東京本部——〒135-8137 江東区豊洲5-6-52
第一制作部 ☎03-3520-9615（編集）
普及部 ☎03-3520-9630（販売）
京都本部——〒601-8411 京都市南区西九条北ノ内町11
制作協力 組版——株式会社ＰＨＰエディターズ・グループ
装幀者——芦澤泰偉＋児崎雅淑
印刷所 製本所——図書印刷株式会社

ISBN978-4-569-83817-5

ＰＨＰ新書刊行にあたって

「繁栄を通じて平和と幸福を」(PEACE and HAPPINESS through PROSPERITY)の願いのもと、ＰＨＰ研究所が創設されて今年で五十周年を迎えます。その歩みは、日本人が先の戦争を乗り越え、並々ならぬ努力を続けて、今日の繁栄を築き上げてきた軌跡に重なります。

しかし、平和で豊かな生活を手にした現在、多くの日本人は、自分が何のために生きているのか、どのように生きていきたいのかを、見失いつつあるように思われます。そして、その間にも、日本国内や世界のみならず地球規模での大きな変化が日々生起し、解決すべき問題となって私たちのもとに押し寄せてきます。

このような時代に人生の確かな価値を見出し、生きる喜びに満ちあふれた社会を実現するために、いま何が求められているのでしょうか。それは、先達が培ってきた知恵を紡ぎ直すこと、その上で自分たち一人一人がおかれた現実と進むべき未来について丹念に考えていくこと以外にはありません。

その営みは、単なる知識に終わらない深い思索へ、そしてよく生きるための哲学への旅でもあります。弊所が創設五十周年を迎えましたのを機に、ＰＨＰ新書を創刊し、この新たな旅を読者と共に歩んでいきたいと思っています。多くの読者の共感と支援を心よりお願いいたします。

一九九六年十月

ＰＨＰ研究所

PHP新書

[社会・教育]

117	社会的ジレンマ	山岸俊男
335	NPOという生き方	島田 恒
418	女性の品格	坂東眞理子
495	親の品格	坂東眞理子
504	生活保護vsワーキングプア	大山典宏
522	プロ法律家のクレーマー対応術	横山雅文
537	ネットいじめ	荻上チキ
546	本質を見抜く力――環境・食料・エネルギー	養老孟司／竹村公太郎
586	理系バカと文系バカ	竹内 薫［著］／嵯峨野功一［構成］
602	「勉強しろ」と言わずに子供を勉強させる法	小林公夫
618	世界一幸福な国デンマークの暮らし方	千葉忠夫
621	コミュニケーション力を引き出す	平田オリザ／蓮行
629	テレビは見てはいけない	苫米地英人
632	あの演説はなぜ人を動かしたのか	川上徹也
681	スウェーデンはなぜ強いのか	北岡孝義
692	女性の幸福［仕事編］	坂東眞理子
706	日本はスウェーデンになるべきか	高岡 望
720	格差と貧困のないデンマーク	千葉忠夫
741	本物の医師になれる人、なれない人	小林公夫
780	幸せな小国オランダの智慧	紺野 登
783	原発「危険神話」の崩壊	池田信夫
786	新聞・テレビはなぜ平気で「ウソ」をつくのか	上杉 隆
789	「勉強しろ」と言わずに子供を勉強させる言葉	小林公夫
792	「日本」を捨てよ	苫米地英人
819	日本のリアル	養老孟司
823	となりの闇社会	一橋文哉
828	ハッカーの手口	岡嶋裕史
829	頼れない国でどう生きようか	加藤嘉一／古市憲寿
832	スポーツの世界は学歴社会	橘木俊詔／齋藤隆志
847	子どもの問題 いかに解決するか	岡田尊司／魚住絹代
854	女子校力	杉浦由美子
857	大津中2いじめ自殺	共同通信大阪社会部
858	中学受験に失敗しない	高濱正伸
869	若者の取扱説明書	齋藤 孝
870	しなやかな仕事術	林 文子
872	この国はなぜ被害者を守らないのか	川田龍平
875	コンクリート崩壊	溝渕利明
879	原発の正しい「やめさせ方」	石川和男

888 日本人はいつ日本が好きになったのか　竹田恒泰
896 著作権法がソーシャルメディアを殺す　城所岩生
897 生活保護vs子どもの貧困　大山典宏
909 じつは「おもてなし」がなっていない日本のホテル　桐山秀樹
915 覚えるだけの勉強をやめれば劇的に頭がよくなる　小川仁志
919 ウェブとはすなわち現実世界の未来図である　小林弘人
923 世界「比較貧困学」入門　石井光太
935 絶望のテレビ報道　安倍宏行
941 ゆとり世代の愛国心　税所篤快
950 僕たちは就職しなくてもいいのかもしれない　岡田斗司夫 FRREex
962 英語もできないノースキルの文系は
これからどうすべきか　大石哲之
963 エボラvs人類 終わりなき戦い　岡田晴恵
969 進化する中国系犯罪集団　一橋文哉
974 ナショナリズムをとことん考えてみたら　春香クリスティーン
978 東京劣化　松谷明彦
981 世界に嗤われる日本の原発戦略　高嶋哲夫
987 量子コンピューターが本当にすごい　竹内 薫／丸山篤史［構成］
994 文系の壁　養老孟司
997 無電柱革命　小池百合子／松原隆一郎
1006 科学研究とデータのからくり　谷岡一郎
1022 社会を変えたい人のためのソーシャルビジネス入門　駒崎弘樹
1025 人類と地球の大問題　丹羽宇一郎
1032 なぜ疑似科学が社会を動かすのか　石川幹人
1040 世界のエリートなら誰でも知っているお洒落の本質　干場義雅
1044 現代建築のトリセツ　松葉一清
1046 ママっ子男子とバブルママ　原田曜平
1059 広島大学は世界トップ100に入れるのか　山下柚実
1065 ネコがこんなにかわいくなった理由　黒瀬奈緒子
1069 この三つの言葉で、勉強好きな子どもが育つ　齋藤 孝
1070 日本語の建築　伊東豊雄
1072 縮充する日本 「参加」が創り出す人口減少社会の希望　山崎 亮
1073 「やさしさ」過剰社会　榎本博明
1079 超ソロ社会　荒川和久
1087 羽田空港のひみつ　秋本俊二
1093 震災が起きた後で死なないために　野口 健
1098 日本の建築家はなぜ世界で愛されるのか　五十嵐太郎
1106 御社の働き方改革、ここが間違ってます!　白河桃子
1125 『週刊文春』と『週刊新潮』闘うメディアの全内幕　花田紀凱／門田隆将